才女传

四月 —— 著

武汉出版社
WUHAN PUBLISHING HOUSE

（鄂）新登字 08 号

图书在版编目（CIP）数据

才女传 / 四月著 . --武汉：武汉出版社，2021.5
ISBN 978-7-5582-4636-4

Ⅰ.①才…Ⅱ.①四…Ⅲ.①女性—名人—生平事迹—中国—汉代—民国Ⅳ.①K828.5

中国版本图书馆 CIP 数据核字（2021）第 095581 号

才女传

著　　者：	四　月
策划编辑：	李世正
责任编辑：	赵　可
装帧设计：	仙　境
出　　版：	武汉出版社
社　　址：	武汉市江岸区兴业路 136 号　　邮　编：430014
电　　话：	（027）85606403　85600625
http:	//www.whcbs.com　　E-mail：zbs@whcbs.com
印　　刷：	天津行知印刷有限公司　　经　销：全国新华书店
开　　本：	880mm×1230mm　1/32
印　　张：	9　　字　数：191 千字
版　　次：	2021 年 6 月第 1 版　　2021 年 6 月第 1 次印刷
定　　价：	52.00 元

版权所有·侵权必究
如有质量问题，请与印刷厂联系调换

前言

她们的力量

那日偶然打开微博时,看到了许鞍华导演新作的预告。

《第一炉香》,是张爱玲的作品。若我没记错,这是许鞍华导演自20世纪的《倾城之恋》与《半生缘》以来,第三度将张爱玲的作品搬上银幕。

原本白纸黑字的作品,突然被赋予血肉呈现于银幕之上,自然少不了众人热情高涨的讨论。伴随着好奇随意翻了翻评论,令我感到意外的是,竟瞧见众多张爱玲书迷细细碎碎的攀谈。除了不少十年甚至数十年张爱玲书龄的友人,许多正青春的新书迷也兴致勃勃地侃侃而谈着。

本以为时间过去了这么久,张爱玲其人,或许只有略有阅历的人才会因惜才而在意,不承想,这位孤独的才女,却在静默的岁月中,仍如潺潺溪流般滋养着许多鲜活的思绪。

似乎有些沉寂在历史中的女子,虽然生命早已终止在了灰暗的岁月中,可她们一段段人生所留下的那份力量,未枯竭,未停滞,仍然

不知倦怠地在芸芸众生中寻觅着那些可以对话、可以勉励的新生命。

一股冲动氤氲在胸口：若我能于那些骄傲又孤独的故事中撷英，细细铺陈在众人的眼前，是否便能为那些在混沌中苦苦寻光的新时代女性们，及时地找到足以给她们赋能的力量。

着手整理资料时我发现，古往今来，那些话本里的缠绵故事，那些茶余饭后的闲聊谈资，总是将目光更多地落定在才子与佳人身上。

看他们便先审才学，看她们却先论姿色。

无论是沉鱼落雁，还是环肥燕瘦，佳人多姿不假，可她们的才学，她们的胆识，甚至她们对于权力的把玩与欲望，总是在那些评头论足中沉入深潭。

恰恰这些被无心忽略的东西，才是绝世之女子身上最鲜活的力量。

及至唐朝，开放的民风加之女权力量的觉醒，让腹有诗书心怀天地的女子们得以盛装登台。可迈入大家目光眼界的她们，仍然不可避免地须提前准备好自己的"样貌"，似乎这才是她们搅弄风云的必要入场券。

到了民国时期，女子力量眼见着得到了急速的飞跃，可那些被后世津津乐道的妙人们，身上最显眼的标签，却仍然是眼波间流转的风情。

我自然是不甘心的。那些绚烂的女子身上，远有比这些艳色更迷人的力量，她们在人生的至暗时刻，在时代的黯日之下，一次次粉碎那些不公与偏见，将自己的人生活出了本我的模样。

只有清空那些对她们内心力量以外之事物的在意，调整我们审视之天平的砝码，以此称量出的每一份重量，才是这群才女们之于世界最纯粹的价值。

于是我奋力在她们留下的言语篇章中，寻找她们灵魂深处最本质的光彩：是班昭击碎性别桎梏后深明大义的安邦之才，是谢道韫不屑拖累、独当一面的护城之才，是吕碧城敢为人先、步履不停的平权之才，是三毛肆意浪漫、享受流浪的真情之才……

在我为她们徐徐铺展开那覆着薄灰的履历时，她们的生平，犹如一卷卷黑白素色的老照片在我眼前划过。而我就像一位潜心调色的画匠，一笔一画地为她们落在俗世间的旧像填补上多彩的亮色。

这本书或许便是一台努力摒弃偏见的天平，正尽力称量着这群才女们最本源的价值，正预备着将这十五份力量倾入新时代女性的人生旅途。

而我感激于有这样的机会——有幸成为那个将她们的力量带至你们面前的人，为你们打开那扇与她们对话的大门。

目录

第一章
班昭　性别绝非桎梏

壹　才女的第一步始于顶级的家教　　　　　　　　　/ 002
贰　修史也是她的理想　　　　　　　　　　　　　　/ 007
叁　家国之间的忠义　　　　　　　　　　　　　　　/ 013

第二章
蔡文姬　永远在错过

壹　不由自己做主的选择　　　　　　　　　　　　　/ 024
贰　"才"是护身符，也是引雷针　　　　　　　　　　/ 030
叁　悲痛是照亮价值的光　　　　　　　　　　　　　/ 036

第三章
谢道韫　被拖累的人生

壹　传说中别人家的孩子　　　　　　　　　　　　　/ 042
贰　两个世界的"门当户对"　　　　　　　　　　　　/ 047
叁　既然不是同行之人，那就选择独行　　　　　　　/ 052

第四章
卓文君　拒绝一切形式的委屈

壹　认准了，就别怂　　　　　　　　　　　　／ 058

贰　追爱要勇气，更要脑子　　　　　　　　　／ 064

叁　爱情容不下半分委屈　　　　　　　　　　／ 070

第五章
上官婉儿　无狠厉不宰相

壹　将欲望写在仇恨之上　　　　　　　　　　／ 076

贰　迷失在欲望尽头　　　　　　　　　　　　／ 082

叁　权欲之下的柔情文雅　　　　　　　　　　／ 089

第六章
鱼玄机　逃不开的摆布

壹　他们视她豪放女　　　　　　　　　　　　／ 094

贰　她说，难得有心郎　　　　　　　　　　　／ 098

叁　无法逃离的命运摆布　　　　　　　　　　／ 104

第七章
薛涛　游走于精明与赤诚之间

壹　把握时机就能改变命运　　　　　　　　　　／ 114

贰　傲，也该适可而止　　　　　　　　　　　　／ 119

叁　一瞬的爱情也要燃得绚烂　　　　　　　　　／ 124

第八章
李清照　半生美满也逃不过的愁

壹　出生罗马　　　　　　　　　　　　　　　　／ 130

贰　琴瑟相和的美满　　　　　　　　　　　　　／ 134

叁　凄迷的爱情终局　　　　　　　　　　　　　／ 141

第九章
林徽因　做最绚烂的女主角

壹　被拉扯的童年　　　　　　　　　　　　　　／ 154

贰　由内而外的富养　　　　　　　　　　　　　／ 158

叁　婚姻与事业的有效权衡　　　　　　　　　　／ 163

第十章
吕碧城　独立女性的标杆
壹　想独立，先独身心　　　　　　　　　　　　／ 174
贰　创造诸多历史的"第一人"　　　　　　　　／ 179
叁　奇迹，在暮年也未停止　　　　　　　　　　／ 188

第十一章
萧红　陪伴是流浪者的救赎
壹　逃，快逃　　　　　　　　　　　　　　　　／ 192
贰　鲜为人理解的潇洒　　　　　　　　　　　　／ 196
叁　其实爱情不是她的面包　　　　　　　　　　／ 199

第十二章
石评梅　短暂却灿烂的寒梅
壹　源正，又叛逆　　　　　　　　　　　　　　／ 204
贰　情深缘浅最是伤人　　　　　　　　　　　　／ 208
叁　未竟的事业　　　　　　　　　　　　　　　／ 216

第十三章
张爱玲　永恒的孤独

壹　亲情是噩梦的开端　　　　　　　　　　　　/ 222

贰　不是救赎，是未醒的噩梦　　　　　　　　　/ 225

叁　"孤独的人有他们自己的泥沼"　　　　　　　/ 229

第十四章
陆小曼　像她这样为爱痴狂

壹　"在主的跟前，爱是唯一的荣光"　　　　　　/ 234

贰　大有所用的小姐性子　　　　　　　　　　　/ 240

叁　被偏爱的总有恃无恐　　　　　　　　　　　/ 245

第十五章
三毛　不要问她从哪里来

壹　等一个人陪她流浪　　　　　　　　　　　　/ 254

贰　被海水融化的甜蜜　　　　　　　　　　　　/ 261

叁　不是每一束光都会勇敢照在她的身上　　　　/ 266

第一章 班昭 性别绝非桎梏

每当我们向历史回首展望时,都能瞧见滚滚的车尘,那些纷繁往来的车轮,在历史长路上烙下各自的辙印,一坑一洼皆是帝王将相、才子大家的纷纭,它们是一群人的呕心沥血,是一群人将时光凝成墨迹,沉淀了千年的企盼。

目之所及的每一道辙印都异常遒劲有力,似阵阵沉闷的男声在念诵着昨日种种。可在这些深深浅浅之中,有一道辙印异常古朴娟秀,透着股温和却坚定的力量——这,是一位东汉才女的才思。

才女的第一步始于顶级的家教

康有为①曾在《大同书》中毫不掩饰其对数位巾帼的钦服："以敬姜之德、班昭之学、秦良玉之勇毅、辛宪英之清识、李易安之词章、宋若宪之经术，列于须眉男子中，亦属凤毛麟角。"

其中"学"之凤毛麟角，便是那位在千秋史书上沉稳挥毫的东汉才女，班昭。

班昭出生于新朝之乱后难得的太平之世，自光武帝完成大一统后，民生迎来了久违的祥和。之前的那十几年，对于百姓们来说就像一场有苦难言的大逃杀，朝令夕改的制度与官商黑心的勾结，尤其是那些隐匿在宫闱之后的外戚野心，曾经让这群百姓不知所从，看不到未来。

好在一切都在慢慢步入正轨，虽然女孩在封建王朝常常是无足轻

---

① 中国晚清时期重要的政治家、思想家、教育家，资产阶级改良主义的代表人物。

重的存在，但出身于汉代显贵的班彪并不这么认为。他看着眼前这个女婴，只觉满心欢喜：战乱已去，能生养在太平之世是这个女婴的福气。

"班昭。"

当这名字被第一次念起时，班彪还不曾预料到，这两个字将在往后的千秋岁月中占据浓墨重彩的一笔。

班彪自幼便成长于儒学之家，家风雅性，学识匪浅。由于家族中向来都有手足相伴、同游同学的"不成文传统"，感怀于那段好古敏求的时光，班彪便对班昭倾囊相授。作为远近闻名的学者，门庭若市几乎是班氏一家的常态，那些旋又复返的学者们或是为拜师班彪，或是来与班彪探讨学问，每每高谈阔论之时，便像班彪在家中大开"临时学堂"。

这样的"临时学堂"，班彪从不避着班固、班超兄弟俩，以及年幼的班昭，生性好学的班昭自然也不会错过这样难得的好机会，虽然彼时她还没有到行万里路以求学的年龄，却逐渐在各路学者长辈的影响下开阔了自己的眼界。

在网络授课还未露头时，除了少数自家父母能亲自上阵指导的家庭，家教这件事基本全靠大学生来做。还记得那时常常能在书店门口看到一脸稚嫩的大学生，他们捧着自己的学历等待被往来的家长们发现，期待着有机会上门为那些尚在义务教育阶段的孩子们授课。

那时的家长们谁敢想象，自己的孩子在家同时接受众多优秀人士的"集体教育"，其实千百年前的班昭就已有此殊荣。不得不说，此

类近乎于"秀才不出门,全知天下事"的家教环境,哪怕是与如今高效便捷的网课相比,含金量也让人艳羡,更何况是在交通不便、信件难达的古代,这应该算是当时除皇室以外最"顶级"的家教规模了。

也许对于班昭而言,人生第一大幸运便是生为班彪的女儿——若不是班彪的博学多才盛名在外,再显贵的家庭也难以在那时的社会长期且稳定地"招"来天南海北的"临时讲师"。

而这样一个顶级的"临时学堂",正是班昭自识字起的"启蒙班"。不负父亲兄长们的日夜熏陶,在家庭的影响与教育下,班昭稳稳当当地展现出了自己在知识学习上的天赋,因此早早在同龄人中脱颖而出,成为了当地小有名气的小才女。

虽然那时还没有"女子无才便是德"的妄言,可诸如此类的思维却的的确确是占了上风。大家虽然对班昭赞赏有嘉,但言语之间并不似发现才子时那般景仰:若是才子,还能上求功名,高则辅佐君王,再不济也能换得一官半职,为家门挣来荣耀;可一介女流,即便满腹的才学,也不能换来钱财与官阶,终归是要嫁作人妇,相夫教子,离不开脚下方寸的院落。

可班彪不曾对小班昭的学习安排有片刻懈怠,这些声音与顾虑,自班昭记事识字起便被父亲兄长们拦在了门外。父兄们的支持是班昭一直以来成长的底气,她时常被告知,家里那两位哥哥当初也如此刻的她一般长大:兄弟二人自幼便博览群书,与父亲一同待人接物,大哥班固九岁时已能提笔属文,二哥班超从小就口才甚佳。

"他们可是你的榜样。"每每此刻,班彪都毫不掩饰自己对膝下儿女们的满意与认可。

　　一边是源源不断的优质学习资源，一边是时刻敦促学习进度的父兄榜样，班昭哪里还有其他的想法？一心便只期待着自己也能马上成长为一位长身玉立的学者，当能信手拈来，侃侃而谈。

　　在这样的家庭出生，班昭无疑是幸运的。我时常想，若是彼时的她出生在别处，是否历史的书卷便会永远缺失一寸女性视角下的王侯见闻，是否东汉的后宫里、朝廷上，便终日只得闻见男声辩驳，再也没有机会听见阵阵清细的女声讲学了。

　　毕竟哪怕是在现代，"成才"也不是一件随时随处都能成功的易事：一个人再有天赋，若这天赋被忽视，没有人尽心去开发，再难能一见的璞玉也只能做蒙尘的野石子；家教资源固然重要，但若生养女孩的家中长辈思想守旧传统，不求女子博学，甚至将女子拒于书山识海之外，再优越的学习环境也是徒然。

　　幸而班氏开明的家风与富裕的学识底蕴，得以让班昭幸免于"泯然众人"。

　　小才女又是如何的想法呢？大抵便像我们初涉学习时也常对身边的优秀人士抱有憧憬一般，会不自觉地幻想着自己也能成为那样优秀的人，可以在人群中成为瞩目的存在，这种憧憬会在那段懵懂的时期成为我们学习的最大动力。

　　将父兄们视作榜样的班昭，便是这样坚持不辍地跟随着父兄们的脚步，一点点丰富自己的学问。在班家绝佳的学习环境中，班昭逐渐找到了自己的乐趣所在，曾经她只觉得那些古文好看，那些贤者的话

好听，知道得越多，了解得越深，她就越想看到更多的异彩纷呈，而现在她在一片斑斓中发现了更夺目的存在。

班昭只觉历史是所有学问中的一块宝藏，而自己正怀揣着一颗想要去撬动宝藏周围那些隐秘机关的心。

她想起自己三四岁时，16岁的大哥班固正入选太学①，那时的自己虽然还不太理解这是怎样一个让所有满心求学之人神往的学府，可在大哥入学的前一天晚上，她在大哥眼中看到了让自己难忘的光彩。

大哥告诉她，这是理想被点燃的样子。

那时的她曾似懂非懂地望着大哥，她还不清楚是不是每个人都会有理想，也不知道自己的理想应该是什么样子，但她知道，有理想的人一定会很厉害，就像她父亲兄长们那样。

---

① 太学是中国古代的国立最高学府。东汉太学始创于建武五年十月（公元29年），汉光武帝起营太学，访雅儒，采求经典阙文，四方学士云会京师洛阳，于是立五经博士。

第一章 班昭 性别绝非桎梏

贰 修史也是她的理想

公元89年,也就是汉和帝永元元年,班昭的大哥班固被人陷害入狱后又意外冤死狱中,汉和帝闻之雷霆震怒,下诏处死、惩戒了与此案相关的数人。虽然昭雪后的公正来得快、准、狠,可终究人死不能复生,往日显赫一方的班氏家族在没落数十年后,最终竟落得兄妹团聚都是妄想。

此刻宫中差来的人刚刚念完诏书,班昭叩首谢恩后许久都没缓过神来。

班固尸骨尚温,汉和帝便差人来急诏她入东观藏书阁继续完成班固未完成的《汉书》。这部《汉书》如今已是辗转到第三个人手里,却一直未曾离开班氏家族。初时班彪的草稿和近年间班固的手稿,班昭早已经看了个遍,甚至不少文段都已烂熟于心,或许连草稿上面第几列被划去了哪个字都印象颇深。

自父亲班彪起手"采其旧事,旁贯异闻",试图为《史记》"作

《后传》六十五篇"起,《汉书》与班氏家族已经"纠缠"了三十余年。班昭第一次替父亲搜寻某篇资料时还不足9岁,而此时此刻即将进入藏书阁的她已是一位44岁的妇人。

当一个人在44岁那年才遇见自己自小时便梦想的机遇,她还能稳稳地把握住这场人生的转折点吗?

不知道有多少人,会在看不到机会的岁月中坚持对自己的理想保持初心,但我想,这对于大多数人来说都是一件几乎不可能做到的事情。

44岁,人生已过半,当初少年时期意气风发为自己规划的种种,若是没在热情最高涨的时候实现,经过近二十年的蹉跎,心中那为理想燃烧的部分,大抵早已渐渐冷却了。理想是不设限的梦,可人生总是要立足现实的,或许是拥有了不可分离的家庭,或许是早已熟练的另一份工作,即便是现在离职、求职如便饭一般的时代,也没有多少人有勇气让44岁的自己放弃当下,再次追梦。

更何况,班昭的理想是一份极其专业的"技术活",她爱历史,尚才学,在父兄们与各路学子的循循教导下,她早已为之深深着迷。无奈在那时的社会里,女性在这些领域的价值很难得到与能力相匹配的认可与社会资源,这是在当时的王朝制度与民心认知下难以改变的现实结果。

班昭也确实如彼时邻友的猜想一般,与同乡的男人成家育子,但她心里一直还存着一份期待。或许是因为太过喜欢,所以即便她无法因此得到任何的物质嘉奖,甚至得不到名号的风光,但因着这份信念般的喜爱，长久以来她一直尽己所能用自己的方式燃烧自己的理想——自《汉书》开始编撰起，班昭就不曾缺席过，从父亲到大哥，班昭就像父兄的左膀右臂，就像《汉书》的影子。

班昭纯粹地忠于自己的虔诚之心，终于在这一刻得到认可，珍贵的橄榄枝向她抛来了。

受诏开始续写《汉书》后，班昭的生活起初并没有太大的改变和影响。早在为班固帮忙时，她的丈夫便因故早逝，为了能全心全意地投入到《汉书》的辅助工作中，她早就放弃了再嫁的念头，没想到这个忠于自己的决定，竟也成了让自己把握住这次机会的重要因素。

若不是自己从未停下对《汉书》编撰工作的助力，她确实难以在诏书下来的那一刻便接旨入观着手工作；若不是自己在亡夫后便为《汉书》做了不再嫁的决心，她又该如何毫无牵挂地接替班固全身心地投入到《汉书》的编撰上呢？

都说机会是留给有准备的人，可是又有多少人能为了一个无法预料的机会像这样忠于自己几十年呢？

但是班昭却能如此。

可以说，班昭性子里那份对理想的虔诚与求精也是"受教"于她的父兄。当年班彪决定起草续史，是因为对《史记》自汉武帝太初年间往后的内容不满意，这部分内容不是司马迁亲笔，而是有旁人补充，在班彪看来皆是狗尾续貂，不配为《史记》的后续之作。

钟情历史的班昭在小的时候还不懂父亲精益求精的执念，可随着日复一日，年复一年的帮衬，她渐渐读懂了父亲的追求。后来班彪抱

憾辞世,班氏一家从京城大户降为乡郡平民,班固不仅没有因为家道中落愤懑难耐,反而依然在各种纷杂琐事中坚持抽空继续《汉书》的撰写,甚至在被枉告入狱时也不曾放弃。

目睹了此间种种的班昭,渐渐意识到这份心思于自己而言也散发着炽热的温度,冥冥之中看清楚了自己的心——修史,同样也是自己的理想。

班昭在修史期间的表现,也对得起她这份跨越两代人的坚持。

这番由班昭花时间认真补续的《汉书》,并不仅仅只是悉心整理、校对父兄二人遗留下来的诸多散乱篇章,她还在原稿的基础上补写了七表[①],并且填补上了《天文志》的空白。

补充七表已极其考验撰写者的文学功力与历史底蕴,而《天文志》的补充才是一个更大的考验。《天文志》是太史公职责,历朝历代都有一个掌管星历,并将此服务于祭祀,更服务于农业物候的部门。

农业物候涉及的科学内容极其广泛,是将气候学、气象学以及农作学交叉讨论的一门学科,同时与水文学、土壤学、动物学和植物学也关系密切。研习这门学科的人需要研究自然界里农作物、动物和环境条件中气候、水文、土壤的周期变化之间的相互作用,这个研究部门便是"司天监",也被称作"钦天监"。

---

① 《异姓诸侯王表》《诸侯王表》《高惠高后文功臣表》《景武昭宣元成功臣表》《外戚恩泽侯表》《百官公卿表》《古今人表》。

光看部门的职责范围便不难想象，与此相关的工作必然需要运用到大量的数学演算与逻辑关系推理，这类内容一直以来都是史部类编撰工作中最具学术水准的工作之一。通常情况下，由于男性与女性之间天然存在的思维差异，理性思维更强的男性在这项工作上更具优势。

可偏偏这一纯粹消耗智力与理科学习能力的任务，是由班昭完成的。

由于历史久远，记载稀少，我们难以想象凭一己之力完成《汉书》余下部分的班昭为此付出过多大的努力，但我们可以从后续的只言片语中感知到班昭此举的伟大之处。在编撰小有成效之时，汉和帝命班昭作为《汉书》的主讲人按时来宫中为众儒士，甚至是大儒马融等人，讲解《汉书》——只因《汉书》中不少学识深奥难懂，即便是学者也一时之间难以摸清，而班昭却已能一一消化。

班昭欣然上手，毫不露怯，学识风采不仅得到了一众儒士心服口服的跪地拜学，甚至还赢得了帝王的认可与信赖。班昭不再是囿于庭院的孤才，而成为了朝堂一侧颇有名望的老师。虽作为女子没能因学识得到一官半职，但汉和帝给予她的这般待遇与工作任务，在那个时代，已然是一个国家对一位女学者十足的尊敬。

一次机会把握住了，或许还可以说是仰仗着几分运气，但若是机遇的橄榄枝接二连三地向你抛来，那就一定不是简简单单地凭运气便可以完美接手的事情了。这些机遇在我们看来或许是不可预料的随机事件，但对于如班昭这般，十几年如一日地赤诚地爱着理想的人来

说,那不过是漫长又固执的等待中终于到来的"起点"。

在人生的路途中我们常常念叨"错过"的遗憾,但这个词不属于班昭。

那些看似突如其来的机遇,往往是"班昭们"早已等待多时的登台之阶梯。

家国之间的忠义

汉和帝对于班氏门下的这位才女印象颇好,每逢宫中有各地贡献的珍奇异宝时,汉和帝便会兴起召来班昭临场作赋。曾有一次,尚在西域戍守的班超向朝廷进献了一只大雀,班昭在汉和帝期待的目光中,不负圣望地作了一首《大雀赋》:

嘉大崔之所集,生昆仑之灵丘。
同小名而大异,乃凤皇之匹畴。
怀有德而归义,故翔万里而来游。
集帝庭而止息,乐和气而优游。
上下协而相亲,听《雅》《颂》之雍雍。
自东西与南北,咸思服而来同。

班昭每次的信手拈来都让汉和帝十分开心,不由对她的喜爱与

认可更胜一层。由于班昭不仅才学过人,礼仪心性一直以来也是多有人褒奖称赞,于是汉和帝还召班昭入后宫,让皇后和贵人们以老师的礼节对待班昭。那时人们习惯将学识高、品德好的妇女尊称为"大家(gū)",后宫众人便依着汉和帝的意思改称班昭为大家。

一时间,班昭成了皇城中的红人,风光无比,可班昭心中始终还压着一件事,让她每天都难以安眠。

世事无常,几次变故之后,这个家里除了班昭便只剩下了还在西域的班超。班超在西域已经待了三十一年,如今他年事已高,早已不再是曾经驰骋沙场的壮士,在外征战戍守多年,即便战功颇丰,仍迟迟未等来召他回京的消息。多年来,班昭只能努力从书信中的只言片语里拼凑出这位兄长的生活与见闻。

尤其在收到班超的亲笔信后,班昭心中对胞兄的挂念更胜一筹,那粗糙的麻纸上是自己熟悉的字迹,可却说着让她备感陌生的话语——一言一词间,竟全然是诀别般的倾诉与嘱托。

班昭送别过父亲,送别过长兄,如果眼下唯一的亲哥哥只能客死他乡,班昭实在难以想象自己会有多么痛苦与遗憾。认真思索一番后,班昭生平第一次有求于汉和帝。

向上级提诉求在现实中无疑是一件精细活儿,无论是在无奈之下争取一次宽待,还是在借口之余挣来一次松口,都不是轻松的事。

在这方面,有些人能恰当地拿捏着其中的分寸,因此即便被察觉了意图也没有什么大碍;而有些人却常常因为掌控不好其间的"度",最终变成恃宠而娇的众矢之的,白白为对手递上捅向自己的刀子。

但班昭却不属于这里面的任何一种。那时的班昭虽不是"正经有编制的公务员",但依照待遇与圣心所向,说她是"宠臣"倒也不算太过分。但一直以来班昭都克己守规,不曾恃才傲物,也没有为自己额外要求过什么。但这一次,为了家兄得以安度晚年,班昭不得不向汉和帝开口。

……骨肉生离,不复相识。所与相随时人士众,皆已物故。超年最长,今且七十。衰老被病,头发无黑,两手不仁,耳目不聪明,扶杖乃能行。虽欲竭尽其力,以报塞天恩,迫于岁暮,犬马齿索……

……如有卒暴,超之气力不能从心,便为上损国家累世之功,下弃忠臣竭力之用,诚可痛也……妾窃闻古者十五受兵,六十还之,亦有休息不任职也。缘陛下以至孝理治天下,得万国之欢心,不遗小国之臣,况超得备侯伯之位,故敢触死为超求哀,丐超余年……

班昭在长长的上疏文中谈及了小家情怀,谈及了大国胸怀,她大胆假设了边境御敌的上选与下选,探讨了守将所需求的必要优势,又殷勤切切地赞颂了汉和帝的宽仁大方,末了,她还是觉得胸中有一团闷气没有抒发。

"民亦劳止,汔可小康。惠此中国,以绥四方。"班昭不自觉念出这几句诗来,自己的哥哥该回来了,班氏这几十年一向诚恳忠烈,难道不值得皇帝爱护一次吗?班超寄来的亲笔信还在心中隐隐扎着

针，她斗胆想要向汉和帝讨来这一份对班氏尽忠职守两代人的体贴。

凝眉提笔，奏章上落下了班昭最后的心声。

……超有书与妾生诀，恐不复相见。妾诚伤超以壮年竭忠孝于沙漠，疲老则便捐死于旷野，诚可哀怜……妾愚戆不知大义，触犯忌讳。

这篇疏文掷地有声又殷切悱恻，汉和帝看罢，既感动又讶异，他感动于班昭这满心的家国与兄长，也惊异于班昭身上少见的大局意识，他只道班昭聪慧，博闻强识，却没想到对于边境局势及用兵细节也能如数家珍，更没想到平时只是舞文弄墨的班昭，在为家族仁义努力时也能挥洒出这样的恢宏气势。

汉和帝立马下诏召回班超，并封了赏赐。班昭感激不尽，依旧在宫中如常授受，而这一切，都被后来的皇后邓绥看在眼里。

在之前长久的后宫授业中，班昭一直与许多后宫妃子有着频繁的接触，因此在邓绥还只是贵人的时候，班昭便已经与她熟识。由于邓绥生性聪慧好学，在众妃子中领悟能力异常突出，因此班昭与她最为投缘，对她的栽培也更加细致用心，两人很快便由师徒变为了好闺蜜。

得益于自身的谦和温惠，也受益于班昭的言传身教，邓绥在后宫的斗争中以退为进，成功击败了皇后阴氏，成为了汉和帝的新皇后。公元106年，汉和帝驾崩，新立的皇帝是个刚刚生下百余日的婴儿，于是邓绥被尊为太后，借"主幼国危"的局面开启了自己临朝听政的政治生涯。

邓太后确实有才有谋，在她的心中仍然十分信任班昭，因此特别授意班昭可以参与政事，辅助自己处理政务。一生都在熟读史书的班昭，对于历朝历代的兴衰成败了如指掌，尤其是帝业得失这一块，历代皇帝的从政功绩班昭几乎烂熟于心。所谓"以史为镜，可以知兴替"，在班昭的扶持下，邓太后虽为年轻的女性掌权者，但行事决断都极有章法，让大臣们心悦诚服。

现在再提起"闺蜜干政"，似乎已经成为了一个贬义词。的确，在利益与特权的诱惑驱使下，很难有人可以守住自己的初心。世人常说"可以共患难，不能共富贵"，虽然这句俗语多数时候被用来形容夫妻，但对于同一战壕的伙伴来说，似乎也往往有着同样的命运归宿。

但在班昭参政议政的数年间，不但没有出现纵私欲中饱私囊的事，她反而更勤恳敬业地工作，帮助邓太后完成了不少漂亮的政绩。

邓太后临朝期间，天灾频发，虽然没有经历战乱的动荡，但百姓的生活仍然充满危机。可她在班昭的辅佐下，很快便将一切处理妥当，并始终保证着百姓们稳定安康的生活状况，这让天下人都备感敬服。虽然大家都知道班昭作为没有实际官职的女性参政议政，却没有一个人站出来指责班昭，甚至一直给予相当高的评价。

因此，虽然班昭没能在朝堂间留下正统的职业痕迹，但史书并没有回避班昭的"闺蜜干政"，仍然直言记载下了她的所行所为："及邓太后临朝，（班昭）与闻政事。以出入之勤，特封子成关内侯，官至齐相。"

由于女性不能为官的封建教条，虽然班昭贡献巨大，但邓太后除了物质赏赐也无法再为她争取到更多的回报，因此只好将班昭的儿子曹成封为侯，之后更是官至齐国丞相，使得曹成成为历史上少有的于宫闱之外"凭母贵"的二代。

班昭之所以仍能在对女性尤其苛刻的彼时赢得众人认可，归根结底还是她所作的一切决定与为人态度，都是以对国家的忠义之心为底线。她完全没有私心吗？也不尽然，当她向汉和帝上疏替班超求情时自然是有私心的，可她即便是私心也并非为自己的私欲。家与国，似乎在她心中是除了历史以外的全部，即便特权就在眼前，也能秉持着于国的忠义立于世间。

这份大忠大义，只怕男儿也会惭愧，又怎么会因为性别被桎梏为历史的反面教材呢？

至此为止，班昭几乎是走到了一个寻常身份的女子在封建王朝可抵达的最高之境界，国家正井然有序地发展着，自己的生活也再无可愁，于她而言，应该再没有什么可遗憾的。

可班昭心中还有一个包袱不曾放下，汉朝从王莽新朝之乱后，外戚便是威胁整个王朝发展的沉疴痼疾，班昭不曾忘记，自己的长兄班固便是受外戚乱朝的牵连，无辜冤死在狱中。当年汉和帝虽然严办了主使之人的相关党羽，但这个隐患一直在皇室之中沉睡着，似乎一直在等待反扑的时机。

如今太后临政，国之大将军邓骘又是太后的亲哥哥，班昭熟读史书，王朝沉浮在她心中已是明镜一般，虽然眼下众人都没有什么不可告人的心思，朝堂内外太平无事，但谁又能在权势滔天的时候还能保证初心不变呢？又有多少人不会因为太后与大将军的亲缘关系而对皇室心生嫌隙呢？

就在班昭担心之际，大将军邓骘突然主动请辞归乡，一心想为去世的母亲在家乡尽孝。

但邓太后显然并不想同意。邓骘一直以来率军镇守边疆，忠心不二，是国家北部最让人心安的坚实屏障。可邓骘求辞心切，不容劝说，为难的邓太后只好征求班昭的意见。

班昭引经据典，用"功成身退、急流勇退"以博得谦逊美名之由劝住了邓太后。邓太后毕竟也是聪慧之人，明白了闺蜜的弦外之意——邓骘若不在功高之时及时退位自保，一旦自己不再掌权，大将军的头衔容易树大招风，任何一点小举动都有可能引发牵连家族、亲朋的大祸端。

邓太后听从了班昭的建议，同意邓骘等人的请求，于是邓骘等人得以辞官还乡。

但这对于班昭来说，仍然不是完美结局，至少不是她目前所能想到并且实现的完美结局。班昭又想起后宫众妃，小皇帝正渐渐长大，后宫总要被一群自己并不熟悉的年轻女子重新充盈。而自己在慢慢老去，邓太后也不会永远坐镇临朝，没有人可以保证不会有别有用心的新妃依葫芦画瓢，重蹈外戚扰政的覆局。

必要的制衡必须及时出现，以敲打相关人士。一番深思后，班昭开始着手撰写一本在往后千百年历史里，让女性受制颇苦，让学者辩

论不断,也让她自己备受争议的私书——《女诫》。

放在现在的社会来看,甚至不必为它框下历史背景,《女诫》这本书在任何时候都应该被归类到历史的糟粕中去。因为,书中的女性观直接导致了在千百年的封建社会里女性地位的卑微。

可我始终不太理解,卑弱、夫妇、敬慎、妇行、专心、曲从和叔妹,任由哪一条,都不似班昭这样惊艳过朝堂的女才子做出的选择,也与她从小到大的经历相左。

班昭虽丈夫早逝,但当初在夫妻琴瑟的时光里,她显然也不是极致尊夫的卑弱之人;父兄虽一生坎坷,但成长于班氏这样的家庭,她也不应是会一口认定女子不必有才学的人;王朝君主虽威严,但敢于洋洋洒洒地上疏长文为兄长求情,她断然也不该是那个让女子无须拥有伶牙口才的人……

她有自己的理想,她有自己要为之倾尽时光的事情,她在往后漫长的岁月里,一直都是以独立、果敢、博学多才的形象生活在东汉的庙堂之上。

为什么在她人生的最后时刻,却做出了这样的选择,留下了这部极大地禁锢了女性的思想和自由,影响了中国历史一千多年的《女诫》呢?

在《女诫》的序言中,班昭写到过她成书的目的,她担心待字闺中的女儿没有受到良好的家教,不懂妇德礼仪,出嫁后会丢夫家颜面,辱没宗族。可事实上,班昭婚后只有一个儿子,丈夫早早去世后,为了这份情义也好,为了全身心投入《汉书》的撰写也好,班昭再未婚配,那待字闺中的女儿显然无从谈起。

她真的是为了"诫"女才写下的《女诫》吗?

我想,这中间或许有什么误会。

《女诫》的想法萌生之时,正是班昭着手解决外戚忧虑的时期,对于她来说,后半生的日子里绝大多数时候几乎都与后宫众人相伴,这大概也是班昭一生与小娘子们接触最为频繁、亲密的时期。后宫众贵人来来去去、莺莺燕燕,各个佳人进宫时都是貌美青春的年华,而班昭却是一年比一年年长。

《女诫》成书于她的晚年,那时她已经54岁,而许多后宫贵人正是适宜做她女儿的年纪。而《女诫》成书之初,本是当时皇家妇女的必读书籍,那时她刚刚凭借自己的殷切言辞劝说邓太后放走了执意辞职的大将军邓骘,阻止了外戚忧患的小萌芽。

这《女诫》,若是她着手铲除外戚干政隐患的一把匕首呢?

就如彼时班彪与班固为《汉书》勤勤恳恳工作时,父子三人都不知道为《史记》作后传将为他们带来怎样的命运,可瘦小如她,还是毅然决然地去做了。

如今写下《女诫》,虽然她自己完完全全是文字所述的相反面,甚至有可能她内心并不认可女子应该成为这个样子,可朝堂之上,无论男女,谁又不是一步踏入政坛便永久地成为了集权的牺牲品呢?

为了实现自己的政治抱负,为了让汉朝不再行差踏错、重蹈覆辙,最终害得更多无辜的人流离失所、生不如死,她必须手起笔落,没有任何犹豫。

若真如此,班昭在晚年时期已真正成长为了一个合格的政治家。

若真如此,她又会不会遗憾这本《女诫》最终流入了寻常人家,禁锢了中国女性千百年?她还会不会在晚年写下这本争议不绝的《女诫》?

只是我已经没有机会再去求证这个千古奇女子的心思,"昭年七十余卒,皇太后素服举哀,使者监护丧事"①,也许这本《女诫》便是于她而言的无字碑。她什么也不愿多说,也无心为自己做任何辩解,她已经在自己有限的生命里完成了所有她想要实现的事情,甚至超越了自己曾遐想过的理想:作为中国历史上第一位女历史学家,她不仅突破了"前无古人",还实现了"后无来者"——一直到往后很长的岁月里,她都是那位唯一参与了史书撰写的女学者。

列于须眉男子中,亦属凤毛鳞角。

——她自然担得起康有为这一语盛赞。

---

① 范晔《后汉书·卷八十四·列女传第七十四》。

第二章 蔡文姬 永远在错过

  世之才女，无论古今，大多总会在人生征途上遇见一段叫人忍不住赞叹的过往，这似乎是命中注定的经历。

  可却有这样一位才女，她徒守一身才情，在每一次幸运将临之时却被命运无情没收，只能再次堕入新的黑暗轮回，一难接一难，来不及喘息。

  似乎她的一生自绽放伊始，便永不逢时。

壹 不由自己做主的选择

这是一个枭雄当道，无情却又多情的乱世。

东汉末年，战事纷乱，天下正被各路枭雄虎视眈眈，有人觊觎富贵，有人妄想霸业。任何人都有可能成为乱世的牺牲品，在东汉末年的战亡簿上的千万个名字，一笔一画都是对征伐的控诉。

或许，如果不是蔡琰的父亲蔡邕是东汉时期的名臣，是乱世之中的大文学家、书法家，我们便难以在这段纷乱的历史中瞧见属于蔡琰的那一抹丽色。

关于蔡琰，可追溯的细节实在太少，我们只能从那些风姿绰约的戏文中窥得一二，但那里面也都深深地包含着后人对她的遐思。不知道是她的出生太过不幸，还是那个时代本就待女子薄凉至此，她的生卒年没有确切的记载，本字昭姬在后人修史时为了避司马昭名讳而改称为文姬，《隋书·经籍志》中原本著录有《蔡文姬集》一卷，可就连这份专属于她的记载也已失传。

今时不同往日，如今的我们出生于女性存在感越来越强的时代，很难想象曾经的女孩子们究竟承受着怎样的轻视。蔡文姬在彼时已属幸运，历史的花名册上为她保留了完整的名姓，还有更多的女子，在史书中留下的残影不过只是随着夫家的改姓再添上一个"氏"字。可她也着实不幸，哪怕才情已扬名至匈奴，茫茫史海也未曾愿意为她着墨更多。

文姬虽有才，但似乎并没有什么野心，在这片乱流之中，就算是男子的理想也难以求得圆满，更何况是女子。

大概是深谙乱世的规律，即便博学多才，蔡文姬也不敢奢望什么。她只想在此间安身立命，于她而言，父亲蔡邕作为东汉末年的大文学家，既因才学被董卓赏识，又与曹操交好，自己想安安稳稳过完这一世显然已经是最心平如镜、别无他求的想法。

可让人没有想到的是，原以为能庇护自己的家世身份，反而成为了她过好平静人生的最大阻碍。

第一道阻碍便来自于蔡邕的顶头上司——董卓。

自汉灵帝去世后，董卓专擅朝政，他虽然是众人口中的"逆乱贼臣"，但也确实是位有胆有识有谋略的政客，才名远播的蔡邕当然是他不愿错过的良臣。强行将蔡邕征召进自己的势力阵营后，权势在手、心满意足的董卓不免打起了歪主意，蔡邕才貌双全的小女儿蔡文姬，一时间成为了他意欲捕食的"猎物"。

蔡邕自然不愿意自己的女儿成为权臣的"口中食"，可要想摆脱董卓意欲强娶的念头又谈何容易？思来想去，他只好急书一封，送往

曾与之交好的曹操手中，试图借助外力保护女儿。

这位心急如焚的父亲能想到的最好方式，也只是求曹操赶在董卓之前尽快做主，将蔡文姬许配给对她仰慕已久的卫仲道。这位年轻人是西汉名将卫青的后人，从家世上看可谓门当户对，加上蔡邕对卫仲道略有了解，所以，这无疑是他能给蔡文姬争取到的最好结果。

匆匆被告知出嫁消息的蔡文姬却是无奈的，虽然平时她偶尔听父亲夸赞过这位年轻人，却从未见过卫仲道。她不知道这个人是什么模样，不清楚他有什么生活习惯，不了解他有什么爱好……16岁的少女本就是情窦初开的年龄，却因为一场荒唐的觊觎，还没来得及品尝情意萌动的滋味，就要交付自己还未展望的余生。

她甚至没有权力与理由对自己被匆匆安排的人生说个"不"字。

世事的不平等让蔡文姬不得不拿出任人支配的温柔性子，虽然替她做出人生选择的人的确是为她好，虽然如果不走这条路她将注定陷入更无助的深渊——可这种"注定"原本便不应该由她来承受，她本来只是如寻常大户女子一般在家中读书抚琴，却因为一个男人的瞬息念头无端遇祸，终又只能依靠男人的运筹，以嫁人为代价来保全自己的幸福与自由。

男人为蔡文姬"天降"了危难，可蔡文姬又只能依靠男人才能远离无妄之灾，这让人备感讽刺的命题是那个时代为女子刻下的泪。我为她不甘、遗憾，却也不得不喟叹，如今大多数的我们终于不用再这样被迫温柔。

我们可以为自己选择未来，可以为自己争取存世的意义，可以自己选择把这颗心交付到怎样一个人的手里,甚至我们可以就这样一个人享受生活,不必再寄望于倚靠在他人的臂弯下时才寻得来一份安心。即便这些自己做出的选择中,仍不可避免地会有让人后悔的决定,但至少,我们不再是等待被安排、情不由己的无助之人。

而那句在婚配问题上缠绵耳侧千百年的"为了你好",也终于不再是承载着世俗道德,让女子不容反抗的枷锁。我们可以接受他人好意的安排,但也可以无所顾忌,不再有任何心理负担地婉拒这份好意。

可惜,蔡文姬却只能垂首接受。

短暂的风波过后,蔡文姬的生活慢慢步入平静的正轨。卫仲道毕竟是蔡邕看好的人,也毕竟是属意于蔡文姬的人,日子一天天过去,两人感情渐好,似乎正要就此迎来一段乱世中的圆满人生。

然而世事总不如人愿,第二道阻碍裹挟着悲痛接踵而至。

卫仲道不幸病逝,尚未来得及给卫家带来子嗣的蔡文姬不仅被婆家冷眼相待,甚至被看做是克死卫仲道的凶煞。虽然蔡文姬那时是名门之后,也是彼时难能一见的会诗书、懂音韵的才女,可就因为没有为卫家留下后代,似乎她作为女人的全部价值被卫家决意"归零"。

其实时至今朝,仍然有许多家庭将女子一生最大的价值押在生养后代上。如果你是一位女性,从小到大的成长旅途中你一定听到过无数句"女人这一生一定要结婚生孩子""只有生了孩子的女人才是完整的"……若你表达自己对孩子确实兴趣不大时,马上便会有人在你耳边一遍遍复述"那是你现在觉得,等你长大了就喜欢了""等你生了就知道了"……

诸如此类的言辞，许多时候还是出自同为女性的口中，大家或许情真意切，却无形中通过一代又一代的口口相传，将女性的价值硬生生地绑上了生育的枷锁。儿孙绕膝确实能为一个家庭带来幸福感，可这原本也该仅仅只是生活的其中一个选项。

甚至于，多少年来，许多因为主观或客观原因没有生育后代的女子，不仅仅要忍耐家人的冷嘲热讽，还要承受周遭环境中投来的异样目光——明明作为一个独立的女性，她的价值应该体现在她自己的能力上，而非受制于如此简单粗暴又荒唐的条件上。

这种伤害最终延伸出的悲剧常常令人扼腕，彼时的蔡文姬便是枷锁下的牺牲品。她毕竟是名门之后，不甘此辱的蔡文姬只好离开卫家回到父亲身边，可让人措手不及的是，由于枭雄间的厮杀，心善的蔡邕丧命于自己为董卓的一句求情之下。

古言"未嫁从父，出嫁从夫，夫死随子"，不过短短数月，蔡文姬便失去了对于那时的女人而言，人生中最重要的两个人，且自己又没有孩子，蔡文姬一时间甚至都不知道自己应该先为谁而悲痛。

回望自己遵循父亲的安排不得不离家的那天，蔡文姬始终不过是想求得一个平静日子，未承想，世事却早在将情不由己的"人祸"砸向她时，便击碎了她最不起眼的小愿景。

即便乖顺如斯，也难得安宁。

大概这就是绝处逢生吧，就在她对自己往后的人生备感迷茫时，妹妹明姬的一封信又为她点燃了一盏希望的引路灯——刚刚失去自己孩子的明姬痛苦万分，希望姐姐蔡文姬能前来陪伴她度过这一灰暗时光。

  蔡文姬自是立即动身前往,她虽然经历了种种不幸,但坚毅的心中仍然柔软。于她而言,明姬是她在这世上唯一的亲人了,她知道,不仅这封书信是自己的希望,自己也同样是妹妹明姬的希望。

  可让人悲痛的是,这引人心神向往的缥缈希望,竟成为了蔡文姬平静生活的第三道阻碍。

贰 "才"是护身符,也是引雷针

蔡文姬此生似乎注定"永不逢时",还未见到悲痛中的妹妹,自己便在赴约途中不幸遭遇了匈奴的袭击,随众多无辜百姓一起被掳去军中。手无寸铁的柔弱文姬只能在推搡中任人欺凌,可无论被怎么对待,她都死死抱着怀中的焦尾琴不撒手。

没想到,她身上被婆家"归零"的价值却在这堆外人眼中显出了锋芒。有匈奴人认出了她和随身的琴,知道这就是"第一琴女"蔡文姬后,众人口口相传,讶异间也不由得稍稍收敛了些自己的行为。

这是蔡文姬这一生中第一次因为自己出众的才情收获幸运——这一身的才,竟在流落异乡之时才终于做了一回她的护身符。

古人有才之士可取功名,可取利禄,但那几乎都是男人的福利,作为一介女子,文姬之才在她之前的人生中仿佛只是一个无用的虚名,甚至曾平白引来祸端。也实在令人唏嘘,长久以来常被冠以"野蛮"标签的匈奴人,对待蔡文姬却似乎比那些本与书香蔡家门当户对之人还要文雅，还要懂得欣赏与尊重一个有才之人身上真正的价值。

一个人，或者说一个群体的形象，并不应该用简单粗暴的标签为之定性。没有任何一个群体与个人在被真正了解之前应该被贴上标签，这种标签散发着一种骨子里的傲慢与轻视，它不应该是文明社会的产物，可偏偏人类文明的进程中它又从未消失过。

蔡文姬又何尝不是因此落难，但好在这世间也并不是所有人都如此待人。

被几场奔波折腾得身心俱疲的蔡文姬终于得以喘口气，既已远离故土，注定无法离开这里，蔡文姬便干脆就此歇下，时不时在军中为匈奴人抚琴，安抚众人的心绪，为躁动不安的军中氛围带来一片难得的平静。

这把于泥淖中将蔡文姬捞起的焦尾琴，既是蔡文姬才情与身份的象征，也承载着她此生所有最浓烈的感情。

蔡文姬的父亲蔡邕精书法，善音律，她此生的所有才学几乎尽得蔡邕真传。可无奈于战火的残忍与她命途的漂泊，蔡文姬的书法作品迄今为止只保留下来了仅仅14字的唯一一帖，而那令人神往的绝妙琴音我们也难能再闻。

所幸，《三字经》中"蔡文姬，能辨琴"的故事仍在以娓娓之声向我们力证文姬琴艺的超群。

那时的蔡文姬应该三岁左右，父亲蔡邕如往常一般在房内抚琴，不想琴弦忽然崩断，正在庭院内独自玩耍的蔡文姬听到后自信地朝屋内大喊："是第三根！"

蔡邕难以置信地看着指下断掉的第三根弦,以为蔡文姬不过是凑巧蒙对。继续演奏了片刻后,蔡邕故意弄断了另一根弦,此刻蔡文姬又不假思索地说:"这次是第五根!"

蔡邕听见后望着断掉的第五根弦欣喜不已,才三岁便能如此精准地辨认琴音,蔡邕在女儿文姬的身上看到了注定不凡的未来,接下来的时日便倾己之能教导蔡文姬琴艺。得益于蔡邕技艺的精湛与蔡文姬自身的天赋,千古第一琴女的传说便由此刻落笔。

不得不说,蔡邕实在是一位机警的父亲,子女的培养问题一直以来都是每一个家庭的"头等大事",如何抢在起跑线之前优培自己的孩子,往往考验着父母亲的规划能力与预判眼光。不是所有人气高的技能都能配适每一位孩子,互不匹配的选择往往会适得其反,不仅费时、费力、费财,甚至可能会消磨孩子的自信心,陷入难以突围的成长困境。

只有及时发现自己孩子的天赋所在,才能为他找准人生的最佳跑道。蔡邕的发现与悉心培养,便是引领着蔡文姬走上了那条最优的成才之路,也正因此,蔡文姬才被镌刻上了"千古第一琴女"的名号。

除了这身技艺,那把流芳万古的焦尾琴是蔡文姬从父亲那里得来的第二件宝物。当年蔡邕"亡命江海,远迹吴会"之时,曾奋不顾身地从烈火中抢救出了一段未烧尽的梧桐木。这段梧桐木声音奇特,甚为异常,蔡邕听出了它的可塑性,随后便依照它的形状与长短,将它制作成了一张七弦琴。

这张七弦琴就是流芳百世、闻名天下的焦尾琴,自蔡邕与世长别后，便一直由蔡文姬带在身边，不离不弃。这把琴承载着蔡邕的心血，也记载着蔡文姬与父亲学琴的记忆，更是她孤寂困苦、无人能明时陪她消遣心神的伙伴，此时此刻，又像是回报蔡邕父女知遇之恩一般，在乱世中护得她的周全。

即便我不迷信，却也忍不住叹一声万物有灵，这份灵或许并不是什么玄而又玄的缥缈之物，而是一份藏于我们每个人内心深处的向善之念。你对万物抱有慈善，你便也能从万物之中感受到慈善。

我们为了心中的希望，总习惯于为自己拟定各种各样的幸运物件，以寄托一份对美好的憧憬。每每收获幸运时，便开心地以为是幸运物给自己带来了好结果，殊不知，所有的好结果或许只因自己无心的善念——在这世间习惯于用友好的态度面对万事万物的人，你永远都预测不准下一个因你的友好而来的回报会发生在哪刻。

蔡文姬能因焦尾琴被匈奴人识出第一琴女的身份，岂不就是当初蔡邕不计得失的一次扑救换来的机遇——若不是蔡邕救出了那段梧桐木，若不是文姬怀着对父亲与琴乐的爱意，这把焦尾琴或许早就在烈火之中化为了烬灭。

在匈奴军中抚琴的蔡文姬，就像一株在战火烟灰中独自清冽的素莲，即便扎根在混沌之中，也不影响她向众人散发出一份馥郁的优雅。那悠扬沁心的琴音，掺杂着蔡文姬对已逝亲人的哀思和对明姬遭遇的叹惋，也饱含着她对艺术与平静生活的热爱。这些真挚的情谊让她的琴声愈加动人，远比十多岁刚刚因为琴艺天赋闻名时还要惊才绝艳。

这乱世待她不公,可苦难磨不尽她骨子里的长情与温柔。

渐渐地,这琴声越传越远,竟传入了匈奴左贤王的耳畔,左贤王虽然并不是一位生来文雅的琴痴,可他仍然对蔡文姬的琴艺颇有兴趣。匈奴人一向爱恨果敢,左贤王不多作考量,立刻娶了蔡文姬。

婚后的日子没有太多的起伏,蔡文姬与左贤王虽然不算是自由恋爱,但愿意听蔡文姬弹琴的左贤王却实打实地给了她久违的安宁日子。这位生于乱世的才女已经在漂泊中伶仃无助了太久,即便此刻面前的他是异乡人,她也不得不选择依赖。在柴米油盐的日常中,左贤王为她习得了许多琴艺上的技巧,对她极尽宠爱,而她也为左贤王生育了两个孩子。

我总在想,此时的蔡文姬是否会有那么一瞬不愿再回到故乡。

才名再盛,她在这世间也不过只是一位手无缚鸡之力也没有话语权的柔弱女子,或许不是她不愿要强,而是她从一开始就被剥夺了为自己说话的权力。这异乡的婚姻虽然不是她主动选择的,但至少给了她到目前为止最可靠的生活,也正是在这里,她才第一次真真切切地从父亲以外的人那里感受到了一丝源于自己一腔才情的价值。

谁不留恋认可自己价值的人呢?

曾有一段时间,大家总爱在各种自我独白与演讲中感谢那些否定过我们的人,认为是所有不看好的声音在刺激我们更强大,让我们充满力量。可我始终觉得,真正为我们充满力量,让我们愿意热爱生活,愿意挑战自我的,一定是那些认可与鼓励——只有善良的力量才是可以源源不断供能的涓涓细流。

但生活容不得蔡文姬自己做选择，"才女"的头衔之于她注定仿若人生的诅咒，在这因"才"所获的平静背后，一道惊雷再次嗅着引针的味道向蔡文姬劈来，这身才气为她平静生活落下的第四道障碍就这样不期而至。

蔡文姬不知道的是，她在异乡为人母时，故土的时局已慢慢发生了变化。曹操统一北方后一直在思索该如何巩固威望，武力之事百姓自然兴趣不深，但文豪大家对于他们而言却是精神偶像一般的存在。曹操想起自己旧时与大文学家蔡邕交好，无奈这位名声颇广的大家却早早地牺牲于十多年前的政治斗争……

转念之间，曹操便将目光放在了远在匈奴的蔡邕之女，蔡文姬的身上。

悲痛是照亮价值的光

踏上归途的时候,蔡文姬心中情绪复杂。

曹操以感怀蔡邕没有子嗣为由,花重金假托亲属之名从匈奴赎回了蔡文姬,这既是对自己旧友的一番慰问交代,又意欲通过蔡文姬向天下昭示归顺、一统之意,并显示自己爱才、惜才之心。于是,在左贤王身边生活了十余年的蔡文姬这才终于迎来了归乡的时刻。

她本应该是欣喜的,在这天寒地冻、风沙不绝的地方,她没有一天不思念中原家乡的景色与气候;可她又是痛苦的,不论她对左贤王情深情浅,她对自己亲生的孩子却是情真意切。

骤然而至的归程,于蔡文姬而言既是解脱也是灾降——她带不走自己的孩子,却也无法再留在此处陪伴他们成长。她曾无比真切地体验过与亲人永别的痛楚,可她如今却要将这种痛楚亲手送给自己的孩子。

再多的不舍也不能改变母子间永别的结局,这由不得她,事实上她这一生都由不得自己。

独自归汉的途中，蔡文姬一点点回忆起自己这三十年的经历，她明明才不过三十岁左右，心中却仿佛已经压了一个人一生的愁苦：左贤王虽宠她，自己也确实过上了相对平稳的日子，可自己毕竟是掳来的战俘，思乡的情像一种深入骨髓的瘾，在大漠萧萧的风吟下日复一日地啃噬着她的心。

不知道普通人在人生苦闷的阶段都会想些什么，做些什么。我也曾因情殇有过一段情绪煎熬，几乎不见天日的时光，短暂的颓靡后，向我袭来的反而是一股更为专注的动力——我已经失去了我所珍视的、想要的，于是我更加珍惜那些触手可及的，更加强烈地想要收获一个优秀的自己，仿佛这样才能向这个世界证明全新的自己的意义。

蔡文姬大抵也是如此，生活在匈奴的这段时光里，她并没有落下自己的文学功课，也没有辜负自己的乐理天赋，几番摸索下，甚至还学会了游牧民族的胡笳乐器。

漫漫归汉路上，文字与音乐这两项技能成了她消遣时间的唯一工具，那曲流芳百世的《胡笳十八拍》传闻便创作于蔡文姬归汉的路程中，她借用自己已十分纯熟的胡笳音调，创作出了这曲琴歌作品，将自己心中过往的不忿与悲恸悉数倾泻了出来。这篇近1300字的古乐府琴曲歌辞，是由18首歌曲组合的声乐套曲，主题宏大悲痛，结构却不失灵动，真真像极了乱世中的自己。

也难怪明代陆时雍在《诗镜总论》中评价《胡笳十八拍》道："东京风格颓下，蔡文姬才气英英。读《胡笳吟》，可令惊蓬坐振，

沙砾自飞,真是激烈人怀抱。"

终于回到家的蔡文姬,并没有触碰到她所期望的安宁与幸福,反而**"既至家人尽,又复无中外"**①,刚刚与亲生骨肉分离的蔡文姬,就这样毫无防备地回到了只剩下她一个人的故土。没有了家人,没有了左贤王,没有了那尚未成人的孩子,但此时此刻曹操急需她——不只是曹操,可以说,此时此刻的整个中原文化都需要她。

由于蔡邕生前曾是东汉末年的大文学家,蔡家藏书之丰无人能出其右,尤其是许多难寻的古籍。但因为战乱时期众人流离失所,得以保存下来的少之又少。

曹操便叫来蔡文姬问道:"闻夫人家先多坟籍,犹能忆识之不?"

当初蔡邕的确为蔡文姬留下了四千余卷的书籍,虽然因战乱如今书目已十分难寻,但蔡文姬向曹操表示自己还能准确记住其中四百余篇。曹操听罢,立刻让蔡文姬将之默下,为显示自己的重视,甚至提出派10个人陪蔡文姬一同默写。

蔡文姬却摇摇头:"妾闻男女之别,礼不亲授。乞给纸笔,真草唯命。"

不仅应下古籍的默写,甚至"真草唯命",让曹操随意选择真书或草书的字体。若不是腹中笔墨颇丰,蔡文姬又如何敢如此自信?

此时的蔡文姬不再仅仅沉浸、徘徊于那些往日自觉悲戚时的嘤嘤私语,而是开始展露自己的锋芒。也许是悲痛的过往丰富了她的才

---

① 出自蔡文姬所作《悲愤诗》。

情,也可能是一而再再而三的身不由己让她燃起了沉寂已久的勇气。往后的数年间,她不仅被曹操封为御史,潜心誊默古籍,还在第三任丈夫董祀犯死罪之时,以**"明公厩马万匹,虎士成林,何惜疾足一骑,而不济垂死之命乎"**之句,不卑不亢地倚仗自己的伶牙俐齿,向曹操求来了一份赦免。

习惯了命不由己、情不由己的蔡文姬,终于由自己守住了这最后一段独属于自己的平静婚姻。

一如她的降生在史海钩沉里不见踪迹,蔡文姬自《悲愤诗》后的人生也隐在了窸窸窣窣的文字后面。史书对她的记载,停留在她最后向这世间留下的两首《悲愤诗》中,再往后的岁月,她选择和董祀归隐山间,由她自己和这个予她半生薄凉的俗世落下了最后的一道闸锁——既然这乱世不曾选择我,那我也只能收拾停当,与这乱世作别。

她这一生经历了太多的不公,几乎没有人再如她一般事事都在错过,好像每一步都踏错了落点,好像每一个看似希望的人生转折,都会将她带入更沉底的深渊。

终于在这一刻,在归汉后的那一刻,她不再是低头承受的蔡文姬,她想要做咬牙揭疤面对自己、也让这个时代正面她自己的蔡文姬——于是在骚体的《悲愤诗》中,蔡文姬通过袒露自己的遭遇,反映了彼时的时代背景下那些被侮辱、被损害妇女的悲剧命运。

没有谁比她更适合为女性发声了,她那些过往无疑是整个时代下千千万女性泣血的缩影。

　　"儿呼母兮啼失声。我掩耳兮不忍听。

　　追持我兮走茕茕。顿复起兮毁颜形。

　　还顾之兮破人情。心怛绝兮死复生。"

　　这些比《离骚》更加酸楚激昂、哀婉凄美的词句，是蔡文姬在遭受离乱后对自我内心的深入剖析，那些经受过的悲痛，仿佛成为了照亮她自我价值的光，促使着她在女性文学史上留下这样浓墨重彩的一笔。

　　她这一生，遇到的都是生不逢时的岔路口。

　　可她这一生，并没有将自己蹉跎在"不逢时"中。

第三章 谢道韫 被拖累的人生

当你的人生，因为一场难以回绝的委曲求全即将驶入不见天日的灰暗赛道时，你又该如何选择呢？

壹 传说中别人家的孩子

重读红楼时,我的思绪不自觉地在那几句判词上停留了许久。

《红楼梦》自问世以来,有太多人细数过曹雪芹先生在字里行间留下的"妙",而我总觉得,最勾我神思的妙处便是那寥寥数语的判词,十多位少女的一生,就这样浓缩在一方纸笺上。你早已在故事的开端便凝视过所有的结局,却只能在故事快落幕时才能明白那些词句。

"可叹停机德,堪怜咏絮才。"

暂且不说前一句中那位在传统礼教下德行过于标准的薛宝钗,后半句一个冰雪聪明的林黛玉,便是多少人读《红楼梦》的初心,又是多少人读过后的梦中花影。

她迷人的不仅仅是那股置之宅院间不同寻常的叛逆心,更是那份骨子里叫人难忘的清丽诗才。

而曹雪芹说黛玉有"咏絮才"。

这"絮"是什么?又是何人能咏得天下尽知?甚至让往后诸人都

可以之为引、化作典范?

时光只能回溯到千余年前东晋的一个冬日。

东晋时期,文人名士大多钟情于席地对饮,彻夜高论,陈郡谢安一家作为彼时的大家族,在这项活动上自然是不遑多让。

又是一个大雪纷飞的日子,隆冬的天色总是有些阴郁暗沉,只有当大雪满径,铺陈得天地间一片银装素裹时,目之所及才会有令人安神的亮色。这日,宰相谢安正好休憩在家,便叫来了子侄们聚讲诗文。

中途休息时,望着窗外那纷纷扬扬的素色,谢安一时心动:自家后辈向来熟读诗文,每每论起经典时,大家总能头头是道地评说一二,可似乎还未曾多见他们感怀抒意的能力。

念及此,谢安放下讲义,似如闲聊般笑问众人道:"这纷纷扬扬的漫天白雪像什么呢?"

反应最快的是侄子,胸有成竹地脱口而出:"这跟在空中撒盐差不多吧。"

旁边的侄女谢道韫也未加多想,随即答道:**"未若柳絮因风起。"**

不如说,这纷扬的白雪就如被寒风吹动的柳絮漫天飞舞。

谢安听到谢道韫的答案后顿时心生欢喜,如此灵动的比喻,着实能够显现这个侄女不容小觑的天赋才华,而"咏絮之才",自此往后,便也成为大家对有文才的女性的常用形容。

这是记载在《世说新语》中的一则小故事,虽然再无更多的细节,可仅此一句"未若柳絮因风起",便足以让谢道韫在文史中拥有一方不可忽视的位置。谢道韫凭借这次冬雪中的对诗"一战成名",

即便在彼时才华出众的谢氏众人中，仍然无人能出其右，她不仅被本家的小辈崇拜，视作榜样，于外人、后辈们而言，她的才华同样是令人称赞不绝的"咏絮之才"。

虽然史书对她的记载描述并不详尽，甚至连生卒年份都缺失未知，但我几乎可以笃定，谢道韫定然是个标准的"别人家的孩子"。那句流传千古的咏絮之句，不过寥寥数字，便用精准的比喻不仅描绘出了大雪的形态，还赋予了大雪超凡脱俗的缥缈美感。

重形，亦重意境，这种着重一字之精当，准确提炼文辞的炼字之才，在中国文学史上所能举出的经典案例也并不少见，后有王安石的**"春风又绿江南岸"**，又有贾岛的**"僧敲月下门"**，无一例外都是写诗者经历了数次推敲才得来的"神仙搭配"。

而谢道韫却是即兴随答，文才的天赋着实令人钦佩，就连《三字经》中也不禁将她列为榜样，添上句**"谢道韫，能咏吟"**。

《三字经》作为国学的启蒙读物之一，自古以来，凡是识字读书之人，都会记诵其中的内容，在一遍遍三字的念诵与师者的讲解中，一代代人心中始终会回响着谢道韫的榜样事件，虽然嘴上不曾这般强调，但谢道韫俨然已是众人身边那传说中别人家的孩子。

知她多才，想必大家便已有数她定然生于一个非富即贵的家族中——毕竟在那时的社会，女子想要接受优良的教育，展现自己的天分，只有出身不俗才能得此待遇。

可实际上，她的家世却远不止普普通通的富贵之家。

你若是对国学颇有兴趣，或许便会十分熟悉"旧时王谢堂前燕，

第三章 谢道韫 被拖累的人生

飞入寻常百姓家"这句七言。刘禹锡曾在《乌衣巷》中借遗憾王谢旧居的荡然无存,感叹今非昔比的沧桑巨变,这其中的旧时王谢,便是说的琅琊王氏王导与陈郡谢氏谢安。

两大家族皆是世家,冠盖簪缨,六朝①巨室,东晋时期王、谢两家共天下,王导是东晋初年的宰相,开国元勋,三朝元老,谢安则不仅仅是权倾朝野的辅政太傅,更以总指挥的身份于淝水之战中以少胜多,功高震主。

除开谢道韫的父亲谢奕与叔父谢安的高官重权,谢家的子侄辈也大多是当世英才,谢氏一族既是朝野辅政的豪门巨室,也是诗文风流的书香世家,族内众人不是名将便是名士,文韬武略皆名动天下,也因此,后辈多有以王谢代指显赫世家的习惯。

出生在这样的家族,自然是要比出生于普通富贵书香门第的女子更为不寻常。没有影像资料,我们极难从一个人词风的三言两语去准确判断她的风度气质,可对于谢道韫,我却能有足够的自信去认可她超凡脱俗的文雅气质。

在《世说新语·贤媛》中记载过这样一段小故事。

在那时,能够与名门才女谢道韫相较一二的只有同郡的张彤云,是张玄的妹妹,虽然论家世远不及谢道韫,可论才学,却也算是差堪比拟。众人皆知谢遏十分推崇自己的姐姐谢道韫,那张玄便也时常称

---

① 吴、东晋、宋、齐、梁、陈先后定都于建业,即今之南京。

赞自己的妹妹应与谢道韫声名并列,甚至稍有过之。

那时有位叫济尼的尼姑,与这两家都有来往,便被他人询问这两位女子的高下,济尼答道:"王夫人神态爽朗、风度潇洒,故有**林下之风**;顾家妇人心思纯净、神采光润,是各世家妻室中的优秀之人。"

王夫人即是嫁与王家的谢道韫,而顾家妇,则是与之同郡的张彤云,嫁给了彼时江南四大家族之一的顾家。

所谓**林下之风**,便是竹林七贤之遗风,魏晋交接时期的竹林七贤以行为旷达著称,才华横溢之余,行事往往潇洒不羁,不似我们惯常认知中的文人般迂庸拘谨,这般气派向来是引人心神向往的境界。

而谢道韫身为女子,不仅才貌双绝,连竹林名士的风气也拿捏得当,成婚后亦毫无影响,实属珍稀。既是家族已位列榜样之位,自身的才华又惊艳众人,谢道韫显然是标准的"别人家的孩子",那句"谢公最小偏怜女",说的便是她。

作为一个标准的别人家孩子,谢道韫当然不仅在《三字经》落名,在文坛留下"咏絮之才"的典故——这些不过都是小事——更大的"惊",还伏在她成婚后的日子里,等待着兑现的时机。

两个世界的「门当户对」

再难得的才女,终究也逃不脱家命婚嫁这件事。

转眼间,谢道韫也到了出嫁的年纪,作为谢家最负盛名的才女,如若不是这社会对性别做出了不公平的设定与划分,她或许便会如自己的叔父兄长一般,入仕一展抱负。怎奈何,她既生为女儿身,便只能有"择良木"的机会。

嫁娶之事,自古以来规矩颇多,其中"门当户对"尤其是传统世家的首要门槛,以谢家的地位,能与之相提并论的门第实属罕有,而"旧时王谢"中的王家,自然就成了无可厚非的首选。

大名鼎鼎的王羲之便是那王氏王导的侄子,而王羲之的七个儿子均非泛泛之辈——除了次子王凝之。

可谢安并不曾深度了解这七位公子,几番筛选后,谢家将目光锁定在了王徽之与王凝之身上,这两位公子虽然皆是一表人才,可性格却天差地别:王徽之性情坦荡直率,却不免有些许肆意冲动,王凝之

略显胆小怯懦，仿佛半分王羲之的优点都没能遗传到，唯独一手书法尚且不错。

可这些性格优劣谢道韫并不在意，因为她对这二人实在都提不起兴趣。

然而选择权并不在谢道韫手上，在"父母命，媒妁言"的时代，在女子的个人价值不能转化为社会价值的时代，一介女子又该如何在这种大事上与父辈抗衡？

就在谢安犹豫之时，王徽之一段醉酒雪夜访戴逵的趣事打消了他所有的顾虑。

那时的王徽之在一个大雪的冬夜醒来后，望着四周洁白澄净的雪景，不由得心念触动，命仆从拿来小酒独酌了一番。吟诗感怀时，忽然忆起了好友戴安道，王徽之当下便连夜乘舟前往拜访，小船行了一夜才到达友人那儿，可王徽之行至门口后，不曾敲门进屋便返回了。

有人问起缘故，王徽之坦然答道："我原本便是乘兴而去，既然兴致已尽，为什么还非要见到他呢？"

这则小事在魏晋时期的文人间或许是一件妙事，可在为小辈谋筹幸福的谢安看来，却是极其糟心：他认为做出此举的王徽之太过于随性，毫无责任心可言，甚至不像是会贯彻始终的人，于是便干脆利落地将王徽之排除在了名单之外。

定下婚事的数月后，14岁的谢道韫便入府成了王夫人。

谢道韫在谈婚伊始便已表达过自己的不满，可她又如何做得了自己的主，胆小怯懦的王凝之实在非她心属，她因身世与才学，本就是心高气傲，在她看来，空有一张俊脸性格也不够刚强的人，本就不配成为她的丈夫。但想着王凝之毕竟是王羲之的孩子，再怎么样至少也能在文学思想上与自己同步。

可惜，刚刚进入青春期的谢道韫连这最后一丝希望也被彻底浇熄。

王凝之才学不佳，不仅不如谢道韫，连对此的兴趣都缺缺，当她脱口"峨峨东岳高，秀极冲青天"时，王凝之只会道句"好"，当她连声追问诗文的优异之处时，王凝之只能眨着眼，硬生生地凑几句风马牛不相及的无趣词。

谢道韫失望至极，因此十分轻视自己新婚的夫婿，及至回娘家时情绪也异常糟糕。谢安自然明白她的不满，但彼时的婚配，许多时候便像落子无悔的棋局，尤其是对于大家族而言，事已至此，也不能再有什么变数，便只好安慰道："他怎么说也是王羲之的儿子，人品与才学没有大碍，你又何必不满到如此地步。"

提起这茬，谢道韫心中的委屈更盛："我从小在家族中接触到的兄长和弟弟们，都是仪表堂堂又博闻强识的人，哪里能想到，天壤之中，乃有王郎！"

谢道韫自出生便带着非同寻常的光环，加之自己天赋秉然，家族众人也都是优秀的基因，便更加抬高了她的眼光。虽然婚姻的选择自己做不了主，可面对婚姻的态度，她却毫不犹豫，并不委屈自己。

掷地有声的嫌弃竟也在往后的岁月里流传为了一句成语，**天壤王郎**自此便成为了一句情绪精准又饱满的，女子吐槽夫君不争气的专属抱怨。如果频留典故可以视作一项于文学语言发展有益的妙事，从

"咏絮之才"到"天壤王郎",谢道韫之于后辈的影响力,倒也算得上是榜样的力量。

站在旁人角度而言,或许光看两家的地位,人人都会称赞这是门当户对的好姻缘。可剥开这富丽堂皇的外壳,中间究竟是香醇的榛子还是难咽的苦杏仁儿,只有真正品尝的那个人才有资格言说一二。谢道韫不明白王氏家族中为什么还会有王凝之这般庸庸碌碌的人,正如我们绝大多数人总也想不明白豪门之间的联姻为什么还会有难言的烦恼一般。

可实际上,如谢道韫这样表面门当户对的婚姻背后,已经不知耗尽了多少窈窕淑女的眼泪。

虽是包办婚姻,谢安也确是在择人上煞费了番苦心,可满心的好意不一定就能办成好事。如此能人尚且都有好心办坏事的时候,更何况是资质平平的大多数人呢?我不禁迟疑,虚着心回想自己是否也曾在生活中,怀着"我是为你好"的情绪,一意孤行地做着并不合对方心意的决定,甚至在被回绝推拒时,将它当做迫人无言的"尚方宝剑"。

似乎这个初衷就是把万能钥匙,只要我们持着这样的态度,就可以要求任何人无条件地接受"好心的安排"。在我们念着这句话无所顾忌时,总是会忘记再多了解一下对方的需求,让自以为的好心变成了对方无力抗拒的枷锁。

谢道韫明白这场婚姻只有继续走下去这一条路,便只好自我安慰道:王凝之虽然才学不佳,但至少为人尚属忠厚,书法造诣也有值得圈点之处，或许接受平凡才是生活的真谛。

凑合着过，这是千百年来许多女性面对婚姻不顺遂的选择，这虽然绝不是谢道韫想要的结果，但迫于社会压力的她也无法例外。

而令她没想到的是，自己已经退至此的底线，仍然没有将王凝之的弱点全部兜住。

王凝之虽然才学不够，但旧时男子惯有的大男子主义之心仍是不减，见谢道韫如此风姿不凡，又在名士家族间多得"林下之风"的赞扬，心中难免自尊受挫，怀着急于证明自己的心理，往后的岁月里竟渐渐痴迷起"五斗米教"。

被封建迷信抓走全部注意力的王凝之更加荒废了学问与事业，他日日痴迷于炼丹制药，心心念念着那些虚无的方术，不仅被同辈们甩至极远，连自己原本最引以为傲的隶书也不再精妙。

谢道韫虽然深感自己与王凝之不是同道中人，却也耐着性子宽慰劝告，对可能会磨合出来的成效抱有期待。不承想却是适得其反，王凝之愈加痴迷法术，甚至入迷到哪怕睡在床上也会迷迷糊糊地低喃着各种咒语。

当失望叠加到足够的浓度时，再突破底线、极尽耐心的期待，都会消失殆尽。

叁

既然不是同行之人,那就选择独行

谢道韫心中越失望,情绪反而更轻松。

当心中还对人有所期待时,你的身上便不自觉地多承载着一份沉重的责任:心中总牵挂着对方,时时刻刻地关注着那个人的变化,没有改变你会失落,无动于衷你会难过,似乎你所有的私人空间都被对方占据得严丝合缝,全部的情绪都任由对方的细节拉扯着。

如果那个人能跟上你的脚步,慢慢和你共同抵达同一频次的世界,或许便是守得云开见月圆的满足与幸福;可若那个人静如死水,沉似磐石,再多的投入都换不来一丝涟漪,那又何苦再苦苦倾注。

谢道韫意识到了此时的王凝之便如那扶不起的阿斗,于是彻底死心,对王凝之不再多加过问,只专心照顾一双儿女。就这样不温不火地熬过了十余个春秋,就在谢道韫以为这场似如鸡肋的婚姻就要这样陪伴她慢慢终老时,一场战乱彻底粉碎了谢道韫与王凝之之间这面似裂非裂的圆镜。

第三章 谢道韫 被拖累的人生

那一年，孙恩、卢循叛乱，祸及全国，兵锋直指会稽。彼时的会稽县令正是王凝之，按照常理，敌军进犯时应由地方长官组织兵马御敌，可王凝之满心都是封建迷信，既不攻，也不守，不仅因孙恩与自己同信五斗米教而坚信对方一定不会攻打会稽，还指望着自己能够得到神威助力。

国难当头，已非同儿戏，平日不再与王凝之多作交涉的谢道韫不禁苦劝丈夫，要求他赶紧组织兵马，修筑工事，以谋求万全。面对如临大敌的谢道韫，王凝之非但不听不信，反而乐呵呵地拈了三炷香，拖扯着黄符跑入神殿。半个时辰后，王凝之又披头散发地跑了出来，一脸振奋地告诉谢道韫他刚刚已向道祖借来神兵十万。

当一个人已然无可救药的时候，我们不应该期望对方在面临危机大事时可以瞬间醒悟——那些极难时刻的机会与生存名额，永远是留给时刻做好准备的人。毕竟松弛的肌肉难以在瞬间蓄力，溃散的精力也无法在眨眼间净生锋芒。

谢道韫虽然一瞬间又气又急，但也知道王凝之油盐不进，便也只好镇静下来，不再和他多做纠缠，赶紧自行挑选了部分家丁，日夜操练。

直到敌军兵临城下时，王凝之才愕然相信孙恩是真的要攻下会稽。

轻松攻下会稽城的敌军，入城后便大肆烧杀抢掠，无恶不作，往日惬意闲适的城池顿时沦为人间地狱。谢道韫望着面前一片狼藉，早已无闲暇余情去顾此时此刻疯疯癫癫的王凝之，因为王家的儿孙家眷，早已被围堵在庭院之中，毫无退路。

她要去救孩子!

当王凝之的头颅不知何时已随那鬼画般的黄符齐齐悬于城墙之上时,谢道韫已然带着年幼的外孙突出第一层重围,她步步带风,剑剑歃血,几乎所有人都被这位并不年轻的女勇士所惊到。

虽然最终谢道韫因寡不敌众被俘,可她仍然豪气在胸,孙恩在与之谈判中意图杀而后快时,她傲然于庭中厉色道:"事在王门,何关他族!必其如此,宁先见杀。"

所有的纷扰恩怨都在王氏一族,与他人无关,若是真要赶尽杀绝,那便先杀了我吧!

将门之后,又如何会只有文弱的诗书气,心性中的铮铮傲骨亦是夺目之色,谢道韫仗着这股过人的气场镇住了众人,终究救下了自己和外孙。

可灾难终究是灾难,此役过后,谢道韫的丈夫儿女都被杀得干净,旧时王谢如絮散……两大世家同辈的兄弟们也先后离世,真如絮般消散无影,昨日的繁华,今日只余下陋室空堂。

面对这满眼的荒芜,谢道韫忽然想起了自己小时候的那句咏絮。

未若柳絮因风起。

自己因它而收获家族的盛爱,收获众人的赞赏,可这偌大的家族,却好像也被这句咏叹设计好了结局,往日有多纷呈,如今便有多萧索……她曾认为在不同心的婚姻里,索然寡淡的相对便已经是一种无言的折磨,却没想到,不同心的婚姻,还能终至这样惨淡的结局。

最终,谢道韫选择寡居会稽。

当时的会稽太守听闻了谢道韫那精彩纷呈的经历，便常常上门来向谢道韫请教。萧索的生活逐渐又恢复了曾经的颜色，仆从们在堂前支帐忙活，谢道韫与太守细细漫谈，那曾经让她引以为傲的"林下之风"早已是她骨子里的风气，含着嵇康的气质，噙着刘伶的风度，有曹植的旷达，亦有陶潜的闲适豁然，独属于东晋时代的名士风流，偏在如此一位女子身上流淌得彻底。

　　独行的谢道韫，忽然悟得了一位女子该有的潇洒。

　　太守对谢道韫的风骨着实心服口服，便建议她办班开课，教导城内好学的子弟们学习知识，谢道韫欣然同意。

　　好学之人，与之同心，谢道韫又何来拒绝的理由。

　　或许是过去多年的拖累让她认清了自己心中最具价值的是什么，也或许与好学的弟子们日日相处便已占据了她所有遐思，及至离世，谢道韫都再未改嫁。

　　偶尔夜中惊梦，她还会想起曾经自己对弟弟的严苛，那时的弟弟已经是谢安的侄子辈中异常突出的孩子，可她仍然对他期许甚高，常常因些许不满便会问道："你为什么一点长进也没有？是被世俗杂事分心，还是天资有限？"

　　那时的弟弟便会嬉笑两声，转而便更认真地念诵当天的功课，如此这般与仿若在对牛弹琴的王凝之相较，简直是天壤之别。每每念及此，谢道韫都会心生暖意。

　　如若及时独行，是否一切便又会有另一番模样？

　　可惜历史没有假设，可叹幡悟尚不是最迟。

第四章 卓文君拒绝一切形式的委屈

愿得一心人,白首不相离。

文人间的表白大多浪漫至极令人艳羡,随便捻来一句都叫人好一番心动,可偏偏这句能拔得头筹,在千百年来的情意表白中,几乎无可替代。

可谁又能想到,如此深情款款的表白佳句,却是一个人与所爱诀别时的温柔。

认准了,就别怂

夜色浓重,一个娇小的身影出现在无人的街头。

这个时间点,街上早已没有什么人影,万户紧闭,窗后烛火渐熄,除了偶尔的虫鸣犬吠,一切都在沉沉睡去。

这个娇小的身影却在转角处落入一个温暖的怀抱。

这是卓文君与司马相如的人生产生交集的第一天,也同样是两个人为爱私奔的纪念日。卓文君踩着月光随司马相如回到了他暂歇的都亭——秦法十里设一亭,是城中官府所设供往来行人休息住宿的处所——两人虽有千言万语,却来不及诉说更多衷情,匆匆收拾好手边的行李便又连夜赶回司马相如的成都老家。

这是一场"快准狠"的自由恋爱:不足一天便从初遇、相识,再到交付余生,比今天常令人备感惊讶的闪婚一族还要快;而心意刚定便双双连夜私奔回老家,更不可谓不狠;但这对在历史上往后多年都名声斐然的小情侣,最让大家津津乐道的却是爱情萌芽伊始的"准"。

在卓文君的眼里，这一切源于父亲置办的一场酒席，但在司马相如看来，他早在踏入临邛之前便认准了这位富家小姐。

卓文君的父亲卓王孙是西汉初期的巨商，世代冶铁并以此发家致富的卓家是蜀郡临邛数一数二的名人富商。家中传至卓王孙这一代时，已是文景之治时期，社会趋于安定，卓家更显富态，不仅良田千顷，宅户绮丽堂皇，车马珍玩更是数不胜数。

卓家的冶铁行当对于临邛县来说是地方上的支柱产业，要想拥有势头良好且合乎规范的可持续性发展，自然离不开与地方政府的紧密合作与沟通，县令若有非比寻常的贵客上门，卓家也会尽一尽礼数。

近日临邛县令王吉的贵客，便是那住在都亭的司马相如。县上不少人对司马相如略有耳闻，因为他此前以一篇为梁孝王所作的《子虚赋》在文坛上小有名声，但汉景帝不好词赋，这篇作品也就没有溅起更大的水花，司马相如那时仍"与诸生同舍""得与诸生游士居"，无论在政坛还是文坛都尚未有建树。

适逢梁孝王去世，司马相如返回成都，既无家底，也无职务，连基本的生计都难以维持，一向与司马相如交好的王吉便想找个机会为司马相如好好地包装一番，为他打个广告，助他摆脱如今的寒酸境遇。

于是，短暂商议后，王吉将他邀来临邛，往后日日拜访，故意表现出万分恭敬的样子，即便几日后司马相如开始以生病回绝拜访，王吉也仍然牵挂不止，甚至更加谨慎恭敬。

这无疑是一个绝妙的包装手段，大家摸不清司马相如的分量，可

却看得到县令王吉的态度。不多时,大家便纷纷对司马相如产生了好奇心,不由自主地心生尊敬,卓王孙也因此产生了结交之心,便对县令与司马相如二人发出了酒席邀请。

得知父亲要邀请司马相如,卓文君心中止不住地期待,她的期待不全然源自于最近几日县上那些纷纷的议论,还因为那篇《子虚赋》。

卓文君毕竟是大户之女,不仅姿色娇美,精通音律,文学修养也是极高的,那篇《子虚赋》虽然没有得到皇帝的赏识,但不妨碍读到它的卓文君被这篇辞赋惊艳。抱着满足好奇心的期待,卓文君虽然不便出席,却也早早地在宴席屏风后等待着一睹这位才子的风采。

不知不觉,卓家的座上宾已陆续上百,但及至县令王吉到来时,司马相如还没有出现,托人去请时又是抱病的推辞。放至现在,这番俨然"耍大牌"一般的行为与态度早该引人厌烦,可偏偏王吉不仅因司马相如未至而不敢进食,甚至还亲自动身前去接请对方。

大家见县令如此敬重司马相如,哪里还有什么不满的情绪,反而只觉司马相如当真是清高,并不为权贵所动。焦灼等待后,看起来勉强而至的司马相如终于出现在卓家的宴席上。

这无疑是历史上可以被奉为经典案例的一场包装炒作,虽然现在人的包装与刻意炒作早已成为许多行业的商业手段之一。但如今的轻松与普及,得益于各类大数据等现代技术的支持,风险小效果佳,似乎"包装成功"并不再是什么值得在意的事情,许多时候也并不需要被包装的对象有什么真材实料,就能将最终效果表现到极致。

可在当时而言,缺少案例的借鉴,缺少大数据的信息,缺少高科技的演算……同样的事情，他们做起来时实在是条件简陋且风险巨大。

好在司马相如也非庸碌之辈，不出王吉所料，卓家宴席满座皆惊羡于司马相如的堂堂仪表与文雅风采，加之前些时日的"预热"为他添了份清高不俗的气质，所有人对司马相如的评价也颇高。趁热打铁，王吉见大家酒兴正浓，特意上前将一把琴放到了相如面前："我听说长卿善琴，不知今日可有此耳福？"

这当然不是"一时兴起"，卓文君喜欢音乐是县中众所周知的事情，要想赢得美人青睐，自然需要投其所好。无论是正史所载还是后人所议，都明确指出司马相如这番操作是早早便计划好的"计谋"，一切都是为了赢得卓文君的青睐与王吉二人逢场作戏，并以此深感忿忿，为卓文君不平。

可卓文君哪里还顾得上这么多，此时此刻的她，早已被司马相如的《凤求凰》勾了魂：

> 凤兮凤兮归故乡，遨游四海求其凰。
> 时未遇兮无所将，何悟今兮升斯堂！
> 有艳淑女在闺房，室迩人遐毒我肠。
> 何缘交颈为鸳鸯，胡颉颃兮共翱翔！
> 凰兮凰兮从我栖，得托孳尾永为妃。
> 交情通意心和谐，中夜相从知者谁？
> 双翼俱起翻高飞，无感我思使余悲。

袅袅琴音,悠悠唱和,卓文君识琴懂琴更懂词情,这位风度翩翩的才子不仅琴弹得余韵悠长,和曲的辞赋更是一言一词都叩在她的心扉,音节流转间既有高古骚体的旖旎绵邈,也不失民间歌谣的清新明快。

卓文君本就有些许惜才之心,如今听得这首情绪饱满又文采斐然的求爱曲,倾慕,不过也就是一瞬间的事情。她忍不住透过屏风的缝隙偷偷看去,心中惊喜,但又不由地担心自己配不上对方。

不知不觉间,酒席将散,卓文君的侍女离而复返,回来时手上已多了一包贵重的赏赐。

明慧如她又怎么不明白司马相如的意思,一见钟情之人也有意于她的喜悦,瞬间冲散了她的犹豫与担心,这份喜悦甚至让她没有过多地思考司马相如此举是否有何不妥——自古传袭的提亲礼仪,作为大户小姐的她不会不知,更何况她本就婚配过,只因丧夫才回到娘家生活。

但她仍然踏月而出,在这不到一天的相遇中勇敢地向司马相如交付自己往后的人生。

或许许多人在回顾这场凤求凰时不可避免地要心疼卓文君的"莽撞",一首琴曲一场戏,就这样被"骗"回了司马相如的老家,可却极少有人站在卓文君的角度考虑过这一场"琴挑文君"的戏。

在古代,自由恋爱几乎是一种奢望,极少有人有机会像现在这般,看对眼的男男女女先相处一番感受一下是不是真相爱,能不能相配适,等精挑细选到互相满意的人再确定情侣关系,然后再去考虑发展成人生伴侣的事情。

一见钟情自然令人向往，但一见钟情的几率往往却太过渺茫。那时的他们，更多时候是"先婚后爱"的模式，也或许在这群古人的心里，先婚后爱才是人生婚姻的"铁规律"。对于他们而言，在婚前能选中一位让自己切实动心的人成为自己"后爱"的对象，便已经属于自由恋爱的范畴。

卓文君就是在这场琴音中，认准了自己心中愿意与之培养感情的那个对象。

我们谁也不能断定卓文君是被这场戏骗走真心的那个人，也或许她一早便看穿司马相如的意图，可偏偏这人合她眼缘，对她胃口，她就是有赌上真心押这支"绩优股"的念头与信心呢？

至于往后的相伴又该如何处之，自己与这个人是否能恩爱余生，若是不奋力尝试一番，又怎么能知道最后的结果呢？

即便在恋爱绝对自由的现代，仍有不少人在茫茫人海中望见自己心动之人时会顾虑重重。可时光不等人，有时候顾虑越多，你的真心与情谊就离对面之人越远，或许转眼间，你就再也找不见当时与自己对上眼的人。

而卓文君，自然并非如此之人：既是她认准的人，就没有认怂的道理。

追爱要勇气，更要脑子

贰

对于卓文君来说，毫无顾虑地奔赴爱情的代价，就是此时此刻不得不面对司马相如家徒四壁的困窘。

卓王孙一觉醒来得知女儿私奔的事情，气不打一处来，他向来是有头有脸的人物，自己的女儿在不到一天的时间，便被一个还不是太清楚底细的男人拐回了老家，既为女儿心疼又自觉羞耻，面子上实在是挂不住，便怒气冲冲地向全家人发话："我这个女儿实在太不成器了！我虽然不忍心真的伤害到她，但从此以后绝对不会再给她一分钱。"

即便众人都上前劝说，可卓王孙却仿若铁了心一般，一言不听。

好在卓文君这场仗着勇气的豪赌没有辜负她，司马相如虽然求爱的动机不算太过单纯，可他在"后爱"上却是个还算合格的丈夫人选。生计的问题他虽然没有积极地出面解决，但对于一拍即合的另一半，他也没有负了这份情意。

与司马相如生活了一阵子，眼见着自己匆忙中带出的钱财所剩无几，卓文君意识到自己必须要想办法破这个局，她明白自己父亲的脾气，直接向他求助自然是得不到什么帮助的，可她却并没有因此发愁，因为她清楚父亲为人的性情与对自己的爱护。

这一天，卓文君找到司马相如，提出一同回到临邛："长卿，我们一起回去，虽然父亲暂时不会认我，但是向哥哥们借贷也可以帮助我们维持生活，不一定非要把日子过得如此困苦。"

意见统一后，两人又匆匆忙忙赶回了临邛，将仅剩的车马与家当全部变卖掉，买下了一家位处闹市的酒肆，私订终生的二人就这样当街做起了卖酒的生意。

向哥哥们借贷虽然是值得考虑的方法之一，但这并不是卓文君心中真正所想，那是她为自己和司马相如规划的实在不得已的后招，于她而言，最在意的当然还是父亲的认可，回到临邛也是她为自己争取父亲认可的第一步。

而第二步，就是向父亲施压。

自己该不该向父亲施压，能如何施压，这个压力又可以压到多少，怎样才能避免将"施压"变成"威胁"……要做出这绝妙的第二步规划，卓文君的确必须得好好拿捏一番。

她自幼受过良好的家教，平常女子们惯用的一哭二闹三上吊她自是不屑的，当初无顾无虑的夜奔是自己心神激荡下的一时勇，冷静下来后，那股大小姐的心气自然又回到了她的念想中，一段光明正大又坦荡无虑的爱情是她眼下比惬意生活更为重要的事情。

自己又不是做了什么错事，凭什么不能得到家里人的支持与祝福呢？

她心知肚明父亲是个重脸面的人，仔细考虑了一番，便与司马相如商量好了二人的工作安排，她亲自在垆前卖酒，而司马相如则负责在后面与雇工们一起操持忙活其余的琐事。

不得不说，卓文君这条勇敢追爱的路，之所以至今都没有为她带来太过令人苦恼与难堪的难题，除了她的聪慧与勇气一直在帮助她披荆斩棘，还得益于她的"运气"——她一眼看中的这个才子，虽然不算勤恳耐劳，却也并非一个恃才气傲、自命不凡的好吃懒做之徒。

毕竟司马相如穿起犊鼻裤①与雇工们一同洗涤酒器时，也没有那么多的抱怨。

许多女生空有一腔为君赴险的勇气，却忘记了爱情不是一个人的事情，并不是一个人拥有抗衡一切的勇气，就可以得到永恒的爱情。若是在最初的时候便识人不清，或是不懂经营感情，最终往往不是让自己伤痕累累，无助地沉溺在被负的痛苦中，就是让一段有美好开端的感情被白白消磨，成为一潭死水，让曾经心动不已的双方没有了为继的动力。

卓文君却"好运"地避开了这些情感雷区。

当然，她所谓的"运气"实际上也应该归功于她的眼光与聪敏，我们无法从史书中窥见更多这二人私奔之路的细节，但眼见着司马相

---

① 也称犊鼻儿裤、犊鼻裈（裈），是古代人对两腿有裆裤或者短裤的叫法。

如的配合程度，这其间的和谐度自然不会毫无卓文君的功劳，而婚姻经营这一点，也是卓文君此生除了才情与勇气以外最大的优点。

　　回到临邛后，卓文君便做好了随时面对自己父亲的准备。临邛毕竟是卓文君自小生长的故土，这家酒坊又是开在闹市中，没多久大家便都认出来这对经营酒坊的小夫妻便是曾经私奔离去的卓文君与司马相如。人的本性终归是八卦的，如此一传十十传百，女儿当垆卖酒的事情就这么传到了卓王孙的耳朵里。

　　听闻此事，卓王孙心中感到异常羞耻，就此闭门不出，不愿见人也不愿与大家交谈，就这样一个人待在屋中生闷气，仿佛这样更能坚定自己对女儿不闻不问的决心。

　　见此情况，家里的许多兄弟长辈不禁有些看不下去，卓文君本就是大家自小看着长大的，谁不心疼自家的姑娘呢？卓文君在家里从来吃穿不愁，没有受过什么苦，自私奔离去后，大家日夜担心，如今好不容易回到家乡，却是在街边卖酒，可见离家后的生活并没有多好过。

　　连他们都备感怜惜不忍，卓王孙作为亲生父亲又怎么会真的铁石心肠呢？

　　他们轮番劝说道："你只有一个儿子和两个女儿，而家中又不缺少钱财。如今文君毕竟已经成为了司马长卿的妻子，长卿本来也已厌倦了离家奔波的生涯，虽然贫穷，但他确实是个人才，完全可以依靠。况且他又确实是县令的贵客，何必让他们平白受这样的委屈呢？"

　　这既是大家对卓王孙的劝说，也是大家给卓王孙的台阶。而卓王

孙也确实是心疼自己的女儿，斟酌再三后，他也只好妥协，将100个家奴和100万铜钱分给了卓文君，同时也将家中原本为她出嫁准备的各类衣服被褥和其余财物一并补送给了二人。

至此，虽然没有风风光光的婚礼，但嫁妆已出，却也的确代表着卓家算是默认了二人的关系。虽不是完美结局，但多少也算得偿所愿的卓文君带着司马相如回到了成都，用手里的钱财置购了宅屋与田地，成为了富有的人家。

好运仿佛会传染，司马相如当年所写的《子虚赋》得到新继位的汉武帝的赏识，一时间，那个原本只在小部分人眼中属于名士的司马相如，忽然跃升为了皇帝亲自认证的文学大家。受诏入京面圣后，他又以一首辞藻极尽华丽、气势恢宏的新作《上林赋》被赏封为郎——这便是那时帝王的侍从官。

曾经一直觉得女儿随司马相如私奔而逃是家门耻辱的卓王孙，就这样忽然面上无限风光，心生喜悦的卓王孙终于放下了心中多年的疙瘩，为二人送来重金，正式承认了这门亲事，认下了这个女婿。

俗话说，贫贱夫妻百事哀，这一点在卓文君夫妇二人身上，却好似谬论一般。困苦的生活没有消耗掉两个人的耐心与韧性，反而促使卓文君发起了一次一举两得的"绝地反击"，这不仅彻底改善了自己的生活，还就此消除了与父亲之间的隔阂。

许多女孩子习惯了自己在社会中相对弱势的身份地位，便常常在遭受不如意的待遇时忽视了平等对话这一选项，自然而然地优先尝试用情绪化的方式为自己争取机会。

尤其是在面对亲近之人时，或是娇声软语地讨饶，或是高调蛮横地胡闹，似乎皱皱眉、跺跺脚便能有所获得，而事情的本因不值得大家再耗费心思去深究。

一时心切便总是会做出这般略显胡闹之举。这样的讨闹固然有它的效率与效果，却鲜有人意识到，当我们总依赖采取这般方式为自己争取机会时，我们常常先主动丢失了让对方平等待我们的态度。当人们因为一个女孩子的撒娇或者撒泼给予纵容时，往往便是将这个女孩当做了合该自己宽容让渡的弱者。

卓文君却从来不许自己成为这样的人——无论是在亲生父亲面前，还是自己选定的爱人面前。她自然是知道有些任性的手段也能让她达成所愿，可她却更愿意享受"步步为营"后的踏实感。

叁 爱情容不下半分委屈

当司马相如赴京做官的时候,一个传说中"所有男人都会犯的错误"出现在了卓文君与他的感情之间。

将卓文君接到京城后,两个人曾度过了好一段甜蜜的二人世界,可随着时间的慢慢推移,司马相如不禁有些心猿意马,他不仅按时回家的次数越来越少,连回家后与卓文君之间的交流也越来越少。

卓文君嘴上不说,可心里已经明白了不少。

向来敢想敢做的卓文君连夜收拾好细软回到了成都,不愿再受这气,离开前司马相如承诺道自己最多三四个月便会探家一次,卓文君虽还在气头上却也信了,甚至期待着这会是二人关系回暖的契机。

没想到自己离开后,司马相如却一年到头都不见什么身影。

卓文君写信询问,不想司马相如只寄回一封短短13个字的回信:

一二三四五六七八九十百千万。

正如卓文君猜到的那样,司马相如果然在外面有人了。

第四章 卓文君拒绝一切形式的委屈

这一连串的数字,明晃晃地从一到万,却唯独没有"亿"字,卓文君一眼便看懂了司马相如的心思,"无意"或是"无忆",无论哪一种,都不是什么好结果。

介入的这位女子,据传是陕西茂陵一位俊俏可人、娇丽妩媚的年轻小娘子,虽然不及卓文君有才,却是比卓文君年轻许多。

或许是因为回到成都时便已猜出半分,抑或是沉稳泰然地面对各种危机向来是知书达理的卓文君的拿手之事,既然司马相如用数字诗表达了自己的心绪,卓文君自是不愿示弱。她从来不喜欢那些女子求情时的常规套路,略一思索,便蘸墨写下了自己的回应:

一别之后,两地相思,只说是三四月,又谁知五六年,七弦琴无心抚弹,八行书无信可传,九连环从中折断,十里长亭望眼欲穿,百相思,千系念,万般无奈把郎怨。

这首数字诗无疑是一个漂亮的回击,虽然在后人的研学中,有不少人对它的真实性存疑,或是从诗歌形式,或是从遣词造句,似乎并不能让人信服它是属于那个时代的作品。

不过这并不重要,因为它也并未写尽卓文君的欲表之情。

或许大家会期待着卓文君第一时间选择潇洒地放手,就像当初她不过听过一曲,了然一意,就能毫不犹豫地抛下自己的身份与生活。可多年来的倾情付出又怎么能说断就断得干净呢?更何况,卓文君比谁都更明白自己这一步步走来从来靠的不是运气,自己慧眼识得的郎君,自己用心经营的婚姻,其间的每一步,都有自己心血的倾注。

心有不甘的卓文君回想起自己与司马相如相知相守的种种过往,

又意犹未尽地写下了千古绝唱《白头吟》寄送出去，其中那句"愿得一人心，白首不相离"，千百年来一遍遍地撩拨着每一颗情意萌动的心。

司马相如的无"忆"自然是剜心的，她虽从不曾在言语行为上计较过自己的付出，可这段感情的伊始，确确实实是卓文君付出了更多：是她鼓足了最大的勇气，几乎不顾一切地奔向他；也是她的精心打点，才给了这段感情最最体面的前景。

她只不过想求一个一心人的"白首不相离"，如今那个一心人却说对自己已无意。

我见过太多的女人，在面对男方的变心时一遍遍地哭着质问对方为何不爱了，又为什么会离开，一声声地重复着曾经对方许诺给自己的山盟海誓，一句句地问询着到底自己哪里做错了。似乎这样的追问能将时光倒回到曾经美好的时刻，可以抹清一切的伤害与背叛；似乎情谊的变迁都是自己的过失，对方随便找找借口与理由，自己便不由自主地先为自己预设好"罪过"。

自省的确是好品格，可这世间并非桩桩件件的事都需要"自省"。

卓文君在《白头吟》中表达了自己的深情与不舍，不是黏腻的哭啼，反而是阵阵掷地有声的斥责——为什么还爱的人便一定要卑微？当你初心依旧，而对方却开始对应尽的责任百般推脱时，那些锐利的箭原本便该向对方看齐。

我们追随爱情是为了拥有更惬意的心情与更美好的生活，如果有一天这份爱成为了我们追求幸福生活的负担，我们为什么不能有更潇洒的选择呢?

卓文君从不可避免的娇情中迅速清醒，她虽然不是任性娇蛮的大小姐，但也不是愿意委屈自己的人，尤其是在感情之事上，她明白只有心无芥蒂的关系才能有未来。

思及此，卓文君又提笔：

春华竞芳，五色凌素，琴尚在御，而新声代故。锦水有鸳，汉宫有水，彼物而新，嗟世之人兮，瞀于淫而不悟。朱弦断，明镜缺，朝露晞，芳时歇，白头吟，伤离别，努力加餐勿念妾，锦水汤汤，与君长诀！

这篇《诀别书》气势再攀一截，"努力加餐勿念妾，锦水汤汤，与君长诀"，直到斩钉截铁说出"与君长诀"的最后，卓文君仍然没有收回自己对爱人的温柔。

"如果你一意孤行，我们便一刀两断，再无牵扯。"

她拒绝隐忍，却也留有余地。

司马相如翻来覆去地看完了卓文君的来信，一时间心中百感交集，卓文君比他还要决绝的态度让他忽然有了已经失去卓文君的实感，这刺激得他不由得认真回想起两个人曾经的恩爱，一下子羞愧难当，断了荒唐的旖旎念头。

后来杜甫有诗名《琴台》如此写道卓文君之于司马相如的意义：

茂陵多病后，尚爱卓文君。酒肆人间世，琴台日暮云。
野花留宝靥，蔓草见罗裙。归凤求凰意，寥寥不复闻。

卓文君拒绝委屈的爱情选择，不仅为这段千古传诵的爱情故事开了如此气势磅礴的头，也让它终能在如此圆满的温情之中画下句点。或许这便是聪慧之人经营爱情的秘密吧。

第五章 上官婉儿 无狠厉不宰相

这世间向来最不缺情根深种、学问笃实的才女，也不乏头脑聪慧、权心昭然的女人，可若是要将这二者合之为一，便着实让人难以罗列更多人选。如果说，历史上有这样一位才女可以对自己千般狠厉，那一定便是这位在深宫中尝尽人情百态，却又始终不曾拘于女流陈规的女子。

将欲望写在仇恨之上

壹

如果让你在仇人的手底下做事,你会做何种抉择呢?

是不记旧仇,专心向绝佳的仕途看齐;还是严词拒绝,即便无力报复,也必然将对方示好的机遇视作烫手的火。

这或许还算是令人头疼的难题:有人会愿意以德报怨,过好自己能把握的人生;有人会在这般事件上锱铢必较,只想将所有的因果都如数尽还。绝大多数人或许会认真权衡二者的得失差异,按照自己更执念的需求做出最满意的选择。

那如果,这人是杀了你两代长辈的世仇之人呢?

你大概会毫不犹豫地选择后者,甚至满腔愤懑地想要将这世仇全力以报,半分源于此人的委屈都不想再受。

然而,上官婉儿却不是你我。

当武则天将象征朝堂权势的橄榄枝伸向上官婉儿时,这位自小便随母亲在掖庭为奴数年的13岁少女,毕恭毕敬地接过了一切,也接过了自己注定不平凡的别样人生。

武则天对于上官婉儿来说，并不是简简单单地仅有杀父之仇。上官婉儿的祖父上官仪，因为曾替唐高宗起草了废除武后的诏书，而触怒了武则天，事后被诬陷谋反，最终与上官婉儿的父亲上官庭芝一起被武则天下令处死。也正因此，上官婉儿才会在刚刚出生不久后便进入掖庭，与母亲共同为奴。

在上官婉儿的墓志铭上，笔锋清晰地刻载着她13岁便已为才人——那是武则天为免去上官婉儿的奴婢身份特意给予的名分，也代表着她对上官婉儿最初的欣赏。

武则天第一次召见上官婉儿预备对她当庭考较时，并没有对这位才将将十三四岁的丫头抱有太高的期望。毕竟这丫头长于掖庭，疏于教导，毕竟自己手中也曾沾有她两代亲人的鲜血，武则天不知道她对这件事了解多少，但也不会天真到以为上官婉儿对此一无所知。

武则天彼时虽未称帝，但毕竟怀有帝王胸襟，识人善用虽然是她的立足之本，但能否掌控一个人仍然是她最为在意的事情——若是上官婉儿望着她的眼中满腔恨意，她必然不会再给这双眼再次看到自己的机会。

可偏偏，在武则天面前站定作答的上官婉儿不仅对答如流，毫不怯场，甚至眼神始终都透着股灵动清澈的劲儿，并没有多少武则天原以为会捕捉到的强烈情绪。

这可真是意外之喜，上官婉儿在这场特殊考试中的表现实在太过优异，不仅文不加点，片刻书就，而且文风优美华丽，立意别致流

畅,明明是临场挥毫,却仿若夙构,是这个年纪下的文学之士中不可多得的优秀人才。

有时不得不承认,比起勤恳努力,一个人的天赋往往才是这世间宝藏般的存在。古往今来多数才女或是家底殷实、家风优良,或是师从高才、知行合一,总归是要有一个能让她安心静心接受海量学识的契机,才能让她慢慢成长为足以惊艳旁人的才女。

但就像上官婉儿会选择接过武则天递出的橄榄枝一样,她的人生从不适用于我们平凡之士心中的常理规章。即便没有适合学习的环境,没有一位井井有条的教书匠,甚至就连最为基础的足量实体资源都难以获取,只不过是一位爱女心切的母亲,便足以在这般之于学习而言极致简陋的环境下,给予上官婉儿尤为悉心的培养。

这位母亲或许也是一位小有天赋的才女,不然又如何能凭一己之力,在这样的环境下将上官婉儿培养成让人赏识称赞的才女。若不是那场生杀冤案,她本该如所有嫁得好人家的闺秀一样,拥有一段相夫教子、诸事不愁的人生——这在彼时的社会几乎是一个女人最完美的人生状态。

但我却也不得不略觉残忍地意识到,如果这个家庭不是被那场浩劫逼入了如此境地,这位仅被记录为"郑氏"的母亲,究竟又能收获多少对于自我能力的描写与记载呢?这位熟读诗书、能歌能赋的上官婉儿,不仅让我感受到了她的天赋不凡,还让我看见了她母亲郑氏的风采。能在如此条件下仍然保持坚韧向上的心性,为孩子构建充满积极希望的未来,这位母亲无论是个人才识还是强大的精神力,都让我

第五章 上官婉儿 无狠厉不宰相

不由得佩服。

只可惜，纵然一个人的灵魂再精彩，权势私欲之下，难有宽恕与公平，被权力怒气波及的人永远是自保都艰难的牺牲品。

好在她保住了自己的女儿。

上官婉儿眼下虽然年岁稚嫩却明达吏事，满腔的聪敏并不拘于诗文篇章。不止才学惊艳，她的一颦一笑也秀美异常，自成风姿。一个才貌双全、灵动轻盈的女子怎能不惹人喜爱呢？武则天望着面前的上官婉儿大为所悦，随即便下令免除她的奴婢身份，让她掌管宫中诏命，赐封才人，从此以后，上官婉儿便成为了武则天的"机要秘书"。

她心中有恨吗？我们无从得知。也许她是在奋力伪装自己，好伺得一个复仇的机遇；也或许她是早已释然，学会放下那些委屈与荒唐以为自己换得一个锦绣的人生。

但无论上官婉儿是怀着何种打算，都无法让人忽视她心中那股炽热的欲望。

对权力的欲望。

上官婉儿自第一次踏入皇宫起，便将自己对权势的野心与欲望放在了仇恨之上，家族长辈的遭遇让她心痛之余，也让她认清了一个人要想在权势之下活下去的必要元素：拥有权力，或者讨好权力。

能轻易凭自我情绪便将他人的性命玩弄于股掌之间的人，自然是这朝堂之上最值得敬畏的力量之一，既然是武则天亲自递来的"护身符"，自己又岂有不接之理？

宁愿枝头抱香死，不叫吹落北风中。由奴婢之身跃为女官的上官

婉儿,依靠自己的才能成为了武则天巩固自己宫中势力的臂膀,官至"内舍人"①。唐朝行至这一阶段,宫中女权日益盛行,虽然已有女子为官的风气,但女子若想要真正如男子一般在官场大展鸿鹄之志,仍是步步难行,甚至只要稍有不慎,便会由女官沦为宫女,瞬间跌入为奴为婢的泥淖中。

上官婉儿虽然已经算是有眼色的人,可毕竟还是个有个性有欲望的女子,伴君如伴虎这样的告诫她有所耳闻,也明白"伴虎"可能会有的后果,但这些在武则天对她的赏识与信任之下,渐渐被模糊了。

真正警醒她的,是《北户录》②中所记载的一件事。

彼时武则天已加号"天后",和自己的丈夫唐高宗并称"二圣",一同参与朝政。出于对上官婉儿才华的赏识,武则天特许上官婉儿卧于自己身侧的桌案下,藏在桌布内记录国事与君臣对话。一日,上官婉儿没忍住好奇,偷偷透过桌布瞟了眼正在奏事的宰相,不巧就是这一探眼,便被唐高宗看了个正着。

待到退朝后,唐高宗气愤异常,这位皇帝虽然对武后摄政百般忍让,但心中仍有难言的不甘,如今看到就连女官也这般轻狂,自然气急。碍于她是武则天的心腹之人,唐高宗便只取出小刀刺在上官婉儿的额头,不允许她将甲刀取下。

---

① 《新唐书·百官志二》:"[中书]舍人六人,正五品上。掌侍进奏,参议表章。凡诏旨制敕、玺书册命,皆起草进画。"
② 唐代段公路著。为作者亲自南游五岭间采撷民间风土、习俗、歌谣、哀乐等而作。

第五章 上官婉儿 无狠厉不宰相

如此情景下，上官婉儿只好忍痛作《乞拔刀子诗》以换得饶恕，自这之后，上官婉儿更加深切地体会到权势在手的力量，这股力量催生着她心中的那份欲望愈加燃烧得炽烈。所有大大小小的仇恨在欲望面前都不过是世之尘埃，一吹即散，没有什么比拥有权力有更强烈的快意。

为了在这条路上稳住脚步，上官婉儿在与武则天相伴的时光中更加小心处世，待到武则天称帝后，上官婉儿更是精心侍奉，曲意迎合，愈加讨得武则天欢心。虽然未曾真正受封宰相之位，但上官婉儿彼时所行之事和在武则天身边的重要地位，俨然已有宰相之实，因而后人对她亦有"巾帼宰相"的褒赞。

虽然以现在的眼光来看，上官婉儿的晋升之路仿佛是受益于"抱大腿"的行为，但我却认为，相比略显谄媚无能的抱大腿之举，上官婉儿显然更是一位懂得审时度势，明白如何最大限度地利用自身优势与身边形势，为自己争取所图之物的天生政客。

而武则天带给上官婉儿的，也不仅仅是一时的机会。

迷失在欲望尽头

从通天元年（696年）开始，武则天便将朝廷中各个部门的奏表交给上官婉儿来处理，并次次带着她参决政务，上官婉儿权势日盛，风光无两。

母亲郑氏是她才情学识的启蒙者，而那点亮她权势手腕技能的金手指，便是武则天。与武则天的朝夕相处在催生、促进上官婉儿的权欲之外，还为她带来了"高规格"的权谋进化教学。上官婉儿本就心思活泛，善于学习，武则天又是一位精明的政治家，强强结合之下，上官婉儿进步神速，已然成为彼时唐朝女权集团中的骨干精英。

在武则天身边的日子里，上官婉儿不仅要为武则天起草、处理各种文书，就连绝大多数的政制、诏书、祭拜祝词、官员任免令等，都出自上官婉儿的手笔，甚至连百官上奏的表章她也都有批阅参议的权限。

不得不说，每一位一心想要在事业上有所建树的人，在朝职场进发时，不仅仅需要考虑一个公司的规模与前景——能为你带来更大提升，为你提供更大机遇的，必定是你的顶头上司。

其要义之一的伯乐之说大家想必已然烂熟于耳，但除了识人善用，一个上司是否具有足够的胸襟，是否能将对一个员工实力的衡量与个人私心分开得彻底，也是大家区分优质上司的重要维度之一——如果武则天是个极其善妒的人，不能将个人情绪屏蔽在团队问题之外，上官婉儿或许连上殿面试的机会都没有，这一生即便从母亲那里学的多少诗词歌赋，最终也不过是在奴役挤作一团的杂房中度过余生。

在胸襟之外，便是这位上司大方与否的问题。这里的大方自然不是单单指生活福利上的大方，而是资源与机会的提供是否有质又有量，一个人的能力永远需要在实操中得到进步与提升，高质量的资源可以辅助我们更快更优质地完成任务，而高质量的实操机会，则可以帮助我们在短时间内快速发现问题解决问题——对应到武则天身上便是需要看她是否懂得放权，是否愿意将内部的重要信息拿出来与团队骨干共享。

长时间内将所有的权势全部紧紧攥在手里，重则如诸葛孔明一般操劳过度甚至英年早逝，轻则埋没自己手里的干将，吃力不讨好；而抗拒与团队骨干分享重要信息，无疑容易瓦解团队上下级之间的信任关系，也很难快速实现团队骨干到小领导之间的成长转换。

显然，武则天很清楚适度放权的积极意义，也很懂得如何建立与团队骨干的亲密关系，在上官婉儿愈加获得武皇的信任后，依靠武则

天为她提供的机遇——如文书、表章的批阅实操，卧于裙案下的"观摩课"实时教学等等，上官婉儿几乎已经是唐朝女权集团内除武则天以外，实力最强的政治家。

然而，上官婉儿固然能如她之所想成长为一个强有力的随身女官，可武则天并不能摸透上官婉儿心中的那股忠诚。

上官婉儿于史册中留下的人品功过一直以来颇具争议，除开文采无人反驳以外，她的人品始终两极化明显，有人盛赞亦有人轻鄙，甚至有后人将她比作"大唐吕布"，称其为"三姓家奴"，而在《旧唐书》《新唐书》等正史中，都更偏向于体现她奉承权贵、操纵政治、控制朝纲等负面形象上。

这些，都源于她内心对权力日渐丰盈的欲望。

公元705年时，张柬之等拥护李唐宗室的大臣发动了神龙政变，将垂垂老矣的武则天逼下了帝位，复辟唐中宗李显。由于上官婉儿一直是武则天悉心培养的左右手，又一直生活在宫中，李显便令她专掌起草诏令，对她莫名地深信。武则天死后不久，李显又将上官婉儿收入自己的内宫，封号昭容。

依据《旧唐书》所载，上官昭容彼时的地位仅次于皇后一人与妃子三人，在"九嫔"中位列第二。未承想，李显这原本看似正常的册封，却就此拉开了中宗后宫的淫乱序幕。

既在后宫拥有不凡的地位，又在前朝参与诸多事项，这位权倾朝野的铁腕女人几乎是爬上了权力的巅峰。八面玲珑的女权奇才不仅深得李显的信任与宠爱，更得到了韦皇后和安乐公主的信任。可这位一等一的才女却没能匹配上同样一等一的品行,或许是长期相伴武则天身侧,又与太平公主甚是密切,上官婉儿的整个青春期都少不了受到这对母女蓄养面首、肆意放纵行径的侵染。

没过多久,不知是为了巩固自己的地位,还是单纯因寂寞所迫,上官婉儿不知何时与武则天的侄子武三思发展出了极其亲密的私情,还与中书侍郎崔湜有私通之嫌。可上官婉儿又是何人,自然不会仅仅是纵情声色之徒,床帏之外,她与他们又在政权漩涡中始终保持着互利互惠的关系。

上官婉儿自十三四岁起跟在武则天身边,这一处便是27年。十多岁的年纪,正是形成个人三观的时候,武则天自是能在国事与天下事上为上官婉儿拿捏出最好的分寸,但在家事上,武则天自己实在不算是一个好榜样。

俗话说,"子不教,父之过。"放至大环境中,这句话无非是在探讨一个家庭家教影响力的问题:生养的孩子若是没有在家中得到良好的教育,那一定是父母长辈的问题。

孩子在接触这个世界时,最主要的学习方式便是"模仿",你的动作,你的语言,你的表情,你的情绪……你在晚辈面前做出的一切举动,都有可能成为孩子学习模仿的对象,甚至你对世间万事万物所展现的态度,也将对晚辈带来三观上的改变与塑形。

武则天带着上官婉儿,某种程度上几乎便像是收养了一个聪慧的养女,虽不曾有母女关系之实,却也几乎算是尽到了母女之责。上官婉儿对爱情的认知,对家庭的认知,甚至于对男女关系的认知,几乎

通通来自于这位女皇。

她的底线,自是难以衡量。

而将自己放纵于声色,并非上官婉儿最有悖于朝堂纲纪的地方,她在史书中最为众人所诟病的,是她在成为中宗的昭容之后,并没有选择效忠于唐中宗,反而一心投入皇后韦氏的阵营。

史书中明确有载,705年中宗复辟后,上官婉儿便将自己的情人武三思同时推荐给了中宗与韦皇后,中宗夫妇十分认可武三思的能力,不惜将安乐公主嫁给了武三思的儿子。自此之后,中宗凡事都要与武三思商量,却不知他心中是否清楚,自己的韦皇后在上官婉儿的牵线下与那武三思又有私通之实。

大唐盛世自武则天称帝后,本就女权主义复苏盛行,不仅韦皇后野心暗藏,就连安乐公主也是一位权欲熏心的狠角色,上官婉儿不仅与这对母女来往甚多,还曾屡次劝说韦皇后效仿武则天。

自那时起,专管撰写诏书的上官婉儿与韦后母女、武三思父子沆瀣一气,张柬之等人从此便受到了武三思的遏制。不久之后,武三思又仰仗着韦后母女与上官婉儿等人的支持,相继设计贬黜、杀害了张柬之和同党五王,上官婉儿也时常在草拟的诏令中推崇武氏打压皇家,一时间将大唐朝局搅和得污秽不堪,忠良横死。

每每读至上官婉儿这段混乱不堪的权局往事,我都无法明确地理解这一阶段的上官婉儿心中想要的究竟是什么。她跟随武则天的时期,虽然也曾于各类野史中窥得些许杂乱无章的秘事,但我总能感受到彼时的上官婉儿还是一个将大部分心思扑在"秘书"职位上的职

第五章 上官婉儿 无狠厉不宰相

场人。而此时,上官婉儿仿佛失去了固定的方向,明明作为一介女官已然站在了权力的巅峰,明明如陪伴武则天时一般,安安分分地辅佐在侧便能有所建树,却总想着要去将一潭清泓搅得混乱不宁。

她撺掇韦皇后效仿武则天,似乎满心盼着女权再一次压倒男权,却又在安乐公主坚持向李显要求将自己立为皇太女时数次进谏反对,从检举揭发到辞官离职,甚至意欲削发为尼,万般无奈之下最终竟饮尽毒药以死相谏,幸亏太医紧急救治才保住了性命。

上官婉儿在追求什么呢?我却无从得知。或许在权势的欲望对上官婉儿日日年年的啃噬下,已经深扎在她自己都不曾窥见的神经深处。只有一次次看到他人拜倒在自己的权势之下,一次次望见那些眼露不甘的人被玩弄于自己的嬉笑之间,才能感受到真正畅快的满足感。

或许便如那些深入赌局的失心人一般,一次两次的赢局已经带不来快乐,可一次两次的输局却会成倍地激起欲望与愤怒,她一步步迷失在了自己欲望的尽头,没有看见曾覆盖在她身上的铠甲,已经一片片剥落在朝堂之上,碎成了满堂灰烬。

公元710年时,太平公主起势,上官婉儿又逐渐疏远韦后母女重又与太平公主交好,中宗李显逝世,朝政大权尽数落入韦氏之手,上官婉儿为了平衡各方势力,与太平公主一同起草了一份遗诏,立李重茂为皇太子,李旦辅政,韦皇后为皇太后摄政。

虽然彼时支持韦氏的宰相等人更改了诏书,劝韦后效仿武则天,但临淄王李隆基及时得到了消息,与太平公主商议出先下手为强的对

策,唐隆之变后,以禁军官兵攻入皇宫,一举杀死韦后母女及其余同党,拥立父亲李旦拿回了李氏的皇位。

上官婉儿听到了这场厮杀,带上此前与太平公主一同拟写的遗诏,举着灯烛上前迎接,拿给刘幽求观看,以证明自己在这场变乱中的立场。

这是上官婉儿在与韦后母女为伍数载后,第一次为李氏宗亲争取权利,大概是良心发现,抑或是她出于自己政治敏感度的极限预判,原本这一次足以为她再次挣得余下半生的官场驰骋,可偏偏事不如人愿,李隆基拒绝了刘幽求的求情,毫不犹豫地将上官婉儿斩于旗下。

剑光闪过,上官婉儿难以置信地望着满堂狼藉,重重地跌在了地上,将自己这风光无限却又荒唐不堪的一生永远地定格在了47岁。

额间的梅花妆依旧殷红似血,可那双在13岁的年纪便灵动生波的双眼,却再也没有了曾经的光彩

权欲之下的柔情文雅

上官婉儿这一生,因对权势的欲望得生,却也因对权势的欲望换来了脖间那一剑。

她或许确实是真心站回了李氏宗亲的队列,李隆基或许也属实信了她最后的选择,可她这一生,权势在手之时搅动了太多混沌的风云,李隆基不允许这朝堂再生变数,抑或是李家再容不下如此聪慧又狠厉的女子。

她这一生,并非只活在浸血的朝堂权势里,包裹在权欲之下的上官婉儿,依旧有着满腔的柔情与才识缀饰下的文雅姿态。

那日论政时的匆匆一瞥,为她换来了额上的一道锋痕,许多个性要强之人或许会将这视作人生耻辱,上官婉儿自然也是要强之辈,但她偏又从不做常人的打算,心灵手巧的上官婉儿不多时便想出了一个讨巧的妆容手法,她依着疤痕的形状在额上设计出了一种唤作"花子"的面饰。

晚唐学者段成式便在《酉阳杂俎》一书中记载道:"今妇人面饰用花子,起自上官昭容,所制以掩黥迹。"

谁承想,在那朵梅花的映衬下,上官婉儿艳丽的面容更显娇媚,一时间宫女们皆以为美,不少人效仿上官婉儿用胭脂在前额点红妆。渐渐地,宫中便流行起这种红梅妆,发展至今,早已成为唐朝最具标志性的妆面。

上官婉儿不光在美妆上引领着唐朝的潮流,在唐朝盛极的诗词领域同样成就斐然,她于母亲郑氏那里习得诗词文赋的常识与技巧,又在母亲的指导下继承了祖父上官仪的"上官体"文风,逐渐发挥出特属于自己的"绮错婉媚"的诗风。一时间,上官婉儿引领着当时的诗坛,将唐诗推向盛世的鼎盛。

在王梦欧的《初唐诗学著述考》中有一段这样的描述:

"尤以中宗复位以后,迭次赐宴赋诗,皆以婉儿为词宗,品第群臣所赋,要以采丽与否为取舍之权衡,于是朝廷益靡然成风。"

在上官婉儿的倡议下,彼时的唐朝大兴文学之风,各个阶层各式各样的诗会如火如荼。

她最乐于将皇室成员的消遣娱乐引向"文学"与"出游",并为之策划了大量的文学活动,每逢出游之时,这位组织协调的带头人,不仅会代帝后提刀赋诗,还会悉心制定针对相关作品评选的详细标准,并担任考评裁判,据传凡在活动上摘得第一名的人,甚至可以捧得黄金铸造的"爵"一尊。

除此之外,上官婉儿还曾提议扩大书馆,增设学士,这一举措在当时加强了相关工作人员对书籍的编纂、修补工作，因此为中宗时期的文坛发展带来了极大的推动效果，致使**"国有好文之士，朝希不学之臣"**①，并且搜尽天下名士，"野无遗逸"。

在此期间，上官婉儿在内主持风雅，代朝廷品评天下诗文，一时之间，诸多词臣皆聚集在她的门前。

不得不说，上官婉儿确实怀着一颗面对文学的赤诚之心。无论是对当时的文学作品、文人们的创作热情，乃至全天下的文人墨客，她都打起了十二万分的上心。

或许是幼时艰苦的学习环境，使得她对这一切尤为珍惜，为诗会与书馆奔波不停的上官婉儿，褪去了朝堂权势漩涡之中的狠厉与艳情，眉间心底皆是透着些文雅之态的小傲气，丝毫没有凌厉。

畅游在文海中的她，就像盛春百花开放时跌入花丛的蜜蜂，虽然身上的刺依然尖锐，却沉溺在采集的工作中，敛了咄咄的锐气。

而这位才女的绝代才情，仅能在《全唐诗》中的三十二首里窥得一二。

开元初年时，在太平公主的请求下，刺下那剑的李隆基派人将上官婉儿的诗作细细收集起来，编成了二十卷文集，又找人作了序。只可惜这本迟到了数年的诗集却遗失在了历史的碾轮中，就像是彼时迷失在欲望洪流中的上官婉儿，不见了踪迹。

---

① 《景龙文馆记》。

第六章 鱼玄机 逃不开的摆布

　　在情感含蓄又被束缚的年代，主动追求伴侣的女子是珍稀的，主动"广撒网"觅情人的女子更是难得一见。稀少，但不代表在女性沦为男性附属品的年代，就没有敢无视男权、无视所有封建礼教的女人。

他们视她豪放女

壹

　　长安城郊有一个别致的道观。

　　这座道观的别致不在选址，不在外观，甚至不在"咸宜观"这一观名——即便这曾是咸宜公主的出家之地，但唐朝的公主实在是太多了，210位唐朝公主中光入道者便有12位，如此概率下，这件事倒也算不上什么。

　　此处的别致在于观内的一位女道。

　　要知道，唐朝尊道教，因而道观众多，女道亦众多。许多道观香火旺，名声大，早已不仅仅是清修之处，还是供人游览赏玩的交际圣地。如此定位，加之唐朝民风开放，观中许多面容姣好的女子便广开门庭，引人休憩，久而久之与那烟花之地竟也没有什么分别。

　　选择在咸宜观出家的女子，虽然大多家世不俗，富享人生的各种浮华，可仍然被这红尘伤至无欲无情，宁愿余生与炉烟作伴。唐朝盛景下的纸醉金迷，盈满整座长安城，却唯独透不过这咸宜观的

第六章 鱼玄机逃不开的摆布

一面素墙。

但这片静心的平和，在鱼玄机入观数年后被搅乱了。

其实自入观起，观内众人眼中的她原本只不过是这围墙内又一名与俗世作别的女子，可偏偏她又脱不开神情中的郁郁寡欢——这里的人既是怀着作别红尘的心思，不是淡然处世便是一心向道，又如何会像她一般终日苦闷，时常望着门外便又是一日飞逝。

不过匆匆数年，往常安静度日、暗自神伤的鱼玄机便换了性情，那个始终默默注视着观门的人不见了，她曾经终日的凄哀也匿了踪迹，取而代之的是一个鲜活又亮眼的女子，和一帖张贴在观门口的告示。

"鱼玄机诗文候教"，像极了市井街坊上名满寰宇的老字号招牌。诸如长沙臭豆腐、全聚德烤鸭、狗不理包子……只要你名声足够震耳，哪里还需要你在招牌上言说太多？只要将名字摆在众人面前，无须提供试吃，无需更多打油诗般的细碎夸赞，便能收获蜂拥的眷顾。

这鱼玄机的名头，只要与诗文一合，便就是众文人心中"无需更多"的金字招牌。作为早在十一二岁的年纪便以诗作在长安城文人中拥有名头的女才子，对她好奇的人自然能排起不短的队列，许多人是久仰大名却多年未得一见，如今机会骤临，谁又愿意放弃这绝好的面见之机？

人最难自控的两种欲望，一个是好奇心，一个是胜负心。虽然许多功勋与奇迹也源于这两股心态的催动，但不得不说，双刃剑的锋

刃，往往利越好，弊越险，古今中外不知多少悲剧也同样始于此。可即便如此，好奇心与胜负心的魅力仍然拥有可观的粉丝，诱惑众人为之前赴后继——完全不计较陷入悲剧败局的风险和侥幸收获成功的收益之间的比率。

于是，聪明人便懂得该如何利用这股心态达成自己的目的，很显然，鱼玄机就是这样的聪明人。

许多文人雅士慕名而来：容貌不俗的女才子，貌有多优？才有几何？前者着实是吊人胃口，后者又实在引人心痒想要切磋。得此机遇的公子们或是想要一饱眼福，或是想要诗文相会，但无独有偶，当他们纷纷踏入咸宜观时，诸多小心思便已由不得他们自己。

鱼玄机那一帖告示从来不是什么正经想要赐教诗文道经的广告，但体会出其中艳帜高张意味的人，却也并非一定就是鱼玄机想邀约之人。常年来，留客观中的女道们多靠尚好的样貌，难得几位才情稍显过人的，也不过只是能唱和一番的小才，多为取悦宾客之用，因此这寻欢作乐的交易多数仍由男子主导。

鱼玄机却仗着自己高深的才情，不愿跟从这约定俗成的规矩。

能入得她门帐的人，必定先要是她喜爱的人。她爱貌，更爱才，尤其将个人气质视作选择的底线。道观中的她虽然不专情，却也一定坚持要用心地纵情，那个叩门的人可以是风雅文人，也可以是风流公子，但一定要合上鱼玄机的眼缘与心思——只有合心合意的人，才能在闲谈后赢得她亲昵的调笑，甚至宽衣留宿，与鱼玄机抵足而眠；若是看不顺眼的，再多的财钱，也换不来鱼玄机一顾。

古往今来，风流成性的才子不胜枚举，当后人将眼光聚焦在他身上时，却总能将关注点优先落在他的一身才情之上，道一句风流常态；可一旦出了这么个性情风流的女才子，大家的目光却总会在她肆意声色的做派上粘滞不前，那些灵动的诗言倒成了黯淡的点缀。

　　无非便是"女子无才便是德"的理念千余年来在大家脑海中铭刻得太过深切，竟无形中将女子之才"判"轻了许多。

　　于是，他们视她为豪放女。

　　可不同于多数人身上那浑然天成的风流，鱼玄机的风流，是她此生最无奈的一场放纵。

贰

她说,难得有心郎

这一切转变,都要回溯至她写下此生最脍炙人口的那首诗时。

"易求无价宝,难得有心郎。"

鱼玄机提笔写完这句后,便在心中默默数了数日子,距离搬至咸宜观已经过去了将近三年。她称之为"搬",是因为这三年来,她从不认为这里是自己的归属。

她还有家,还有一个曾与她甜蜜了三月有余的爱人,在咸宜观的这段日子,她日日挂心,时时惦念,都是为了赴一场承诺中的旧约。

与他的相识是在恩师温庭筠的牵线下。

彼时鱼玄机还是14岁的鱼幼薇,与老师温庭筠同游崇真观时看到了正争相观榜的人群——新及第的提名榜单会被高高地张贴在崇真观南楼,这是朝野上下万人瞩目的盛事。

鱼幼薇看着那新书就的榜单与攒动的人群,心中满是羡慕与忿恼。唐代科举以诗赋取士,鱼幼薇虽然在自我天赋与老师温庭筠的双重加持下早已写出不少令人称赞的作品，在这诗潮涌动的朝代也能小有名气，却无奈因为性别便无缘在功名仕途上搏一搏。

自己明明不输于男人，却连和男人同场竞争的资格都没有。

这种心情，作为女性群体的我们在千余年来体会过太多次了，即便是在女性力量觉醒的当下，绝大多数原本不该存有明显男女性别边界的职业，仍然会在求职条件中隐藏诸多针对女性的不公。或许近年来已经较少能看到诸如"只招男性"或者"男性优先"的明示出现在招聘公告中，可在面试官那里，却依旧时常有一副副匿在问话设计中的"手铐"在伺机铐住我们。

被束缚在这种刻板解读中的我们，甚至连正常的交谈都变得小心翼翼……

但在彼时，女孩儿们却是连这份初衷友好的被动束缚也没有资格"享受"——掌权人无须在招募人才的条件中特意划出男女的身份界限，女生便已"天然"地退出了竞争队列。鱼幼薇念及不公，心神触动，不由在崇真观抬腕提诗：

云峰满目放春晴，历历银钩指下生。
自恨罗衣掩诗句，举头空羡榜中名。

她是明代文学家钟惺都忍不住夸赞的"才媛中诗圣"，却空有满腹古往今来都为人盛赞的诗才，只能在人潮涌动的崇真观默默写下自己无处可言的壮志。

而这一切，都在不久后入了李亿的眼。

李亿是江陵名门之后，进京出任左补阙官职，这位慕才的男人本就认识温庭筠，又在一日闲游时瞥见了崇真观上的七言，心生钦佩，一来二去，便在温庭筠的撮合下结识了正娉婷的鱼幼薇。

他早就对鱼幼薇远播长安的名气有所耳闻，只是没想到崇真观中的巾帼之志竟也出自这位年少的女子。爱情发生得突如其来却也顺理成章，直到李亿上门迎娶鱼幼薇的那刻，鱼幼薇才知道自己只能作为妾室相伴在李亿身侧。

唯有浓情难消，鱼玄机还是住进了李亿在长安城西置办的林亭别墅中。可醉心的时光总是短暂的，二人甜蜜了数月后，李亿在原配接连的书信催问中作别鱼幼薇，踏上了东下接眷的行程。

鱼幼薇守着略显冷清的空宅，在牵肠挂肚中写下了流传千古的《江陵愁望寄子安①》：

枫叶千枝复万枝，江桥掩映暮帆迟。
忆君心似西江水，日夜东流无歇时。

没想到，此次作别，竟是对二人郎情妾意神仙生活的彻底挥别。

鱼幼薇原以为等李亿归来时可以重新享受爱情的滋润，可现实却告诉她错估了李亿原配妻子的脾性。原配裴氏出身名门，丈夫娶妾本

---

① 子安，李亿的字。

第六章 鱼玄机 逃不开的摆布

就让她心恼,更何况这是李亿瞒着她偷偷娶来的家世卑微之人。自住到一个家门起,裴氏满心的怒气便悉数变着法儿地宣泄在了鱼幼薇身上,或是厉声斥责,或是藤条毒打,几乎没有一天一刻的安生日子。

照单全收、默默忍受的鱼幼薇以为自己的乖顺可以安抚裴氏,可以为自己在这个家里争取到一个容身的空间,却没想到裴氏再次发怒时竟直接向李亿下达了最终通牒——休了鱼幼薇。

许多时候,男女间的感情矛盾发展到最后,承受更多伤害的总会是女性。不论是三妻四妾已然常态的封建社会,还是追求一生一世一双人的现代社会,当感情中的第二个女生破坏了一双男女的情感平衡,女主人公总是能轻松放过知情仍犯的男主人公,转而对夹缝中的女生拳打脚踢——哪怕在许多时候,这些女生也是在不知情中被迫成为了破坏平衡的那个人。

或许爱人的移情别恋的确是件惹人恼怒的事情,可无论插足的女性是否知情,所有的发泄与斥责绝大多数时候总是由另一位女性独自承受。对于原配而言,所有的感情插曲中真正与己相关的应该只是男方而已,是好是坏,是恼是怒,原本便应该是与男方算清楚的账,而另一位女子,无论是无辜还是同罪,终归是不由我们管束的外人。

冤有头,债有主,可在感情问题上,我们总是在冲动中揪错了源头。

鱼幼薇就像李亿手中的挡箭牌,风起心动时,为李亿圈出了一方温柔乡,箭在弦上时,却又被他默默举过头顶,承下了所有的箭矢。

如今她已近乎千疮百孔,却还殷切期望着李亿不会弃她如敝履。

李亿的确没有在鱼幼薇面前选择放弃,他如了裴氏的愿休了鱼幼薇,又将她送入咸宜观,并许诺待得时机成熟,裴氏不再执着计较这件事时,自己一定会来将她接回家,重续曾有过的美好。

有些承诺只会是好看的蜃景,只可惜鱼幼薇当时并不明白,观主为鱼幼薇取了"玄机"作为道号,可她却并没有办法为自己解开命途中的这一段情意玄机。

咸宜观中的日子说难捱倒也不算太难,在一个人的痴痴等待与写写画画中,三年春秋就这样倏忽而过。

李亿却不会再来了。

长夜无眠时,鱼玄机曾记挂着李亿写下情愁深切的**"醉别千卮不浣愁,离肠百结解无由"**①;朝思暮想时,她也曾痴痴念着写下心绪缱绻的**"书信茫茫何处问,持竿尽日碧江空"**……所有字里行间的情愫,她都无法捎寄给李亿,只能写在素净的笺纸上,抛入江中,空把诗情寄水流。

而现在,回想起那些时间罅隙中仍然浓烈得烧人的思念与殷切,鱼玄机却已经心平如镜。

望着墨迹已干的**"易求无价宝,难得有心郎"**一句,鱼玄机没有感受到想象中那股如洪的悲伤,她甚至有一点如释重负:自己终于不用再苦苦守着等待什么,一切虚妄的牵挂终于可以做出一个了断了。

有人告诉她,李亿已经带着妻子离开这座城,去往扬州任职了。

---

① 《寄子安》。

这样的消息，别说李亿亲自来，甚至都不是李亿托人来告诉自己，鱼玄机这才明白，她的梦早就该醒了。

　　"自能窥宋玉，何必恨王昌……"鱼玄机自嘲地喃喃道，在纸上写尽了此刻的决定。

　　自己奔赴未来的路一直以来都被人紧紧束缚着，不能谋求官职，不能与幸福相守，明明身怀过人的才情，却始终在生活中处处任人摆布……这不是她想要的生活，也不是她该有的人生，不管是何物，她总该为自己亲手抓住点什么。

　　也就是在这一天，鱼玄机彻底放弃鱼幼薇，成为了他人口中那个豪放女，成为了自己心中最舒心的鱼玄机。

无法逃离的命运摆布

纵情的生活让鱼玄机找到了掌控自己的成就感,她不与那些因好奇前来的男人们深爱,却也不拒绝他们的深情,她此时的心思,就像她的生平之于史书一样模糊难测。

后世对于鱼玄机的研究几乎全数仰赖她存世的作品,你瞧,纵然她才名远播,纵然她交际不止,可她于世的意义却仍然如此轻微。

观内的鱼玄机,曾留下一篇明丽轻快的七言:

今日喜时闻喜鹊,昨宵灯下拜灯花;
焚香出户迎潘岳,不羡牵牛织女家。

这首《迎李近仁员外》是她会见情人时的雀跃之态,可这位李近仁,有人说他是一位经营丝绸生意的富商,也有人说这就是去而复返,偷偷与鱼玄机约会的李亿。这里还没争论清楚,那边便多了位对

第六章 鱼玄机逃不开的摆布

鱼玄机甚是喜爱的官人裴澄，又传说因鱼玄机忌惮裴姓所以被敬而远之……人们不屑去了解这位才女的心思与灵魂，却在她的闺门外铆足了劲儿张望，一心只想探听更多的桃色八卦。

女子之才比起色相绯闻，终归泛泛。

艳帜高张的日子里，她享受到了人生中最肆意自由的一段时光，或许如果一切如常，她将成为彼时的长安城中更艳绝的色彩。但一切都没有如果，鱼玄机终究没能为自己挣脱所有的束缚。

她人生履历上最荒唐的一件事，反而是她在史海中最清晰的一笔。

在唐末皇甫枚的传奇小说集《三水小牍》中，对鱼玄机人生最后的时刻有着详细的描述。文集中说，那时的鱼玄机有一位名为陈韪的乐师情人，二人志趣相投，相处甚妙。某日鱼玄机外出前，嘱咐自己收养的婢女绿翘，如果他一会儿来找自己，就告知对方自己去了哪里。

待鱼玄机晚上回到观中时，婢女绿翘却告诉她，下午那人虽然来过，但听说鱼玄机不在，没有下马就离开了。

鱼玄机自觉陈韪这样的行为略有反常，不禁心生疑虑，加上绿翘本来就生得明慧可人，于是怀疑是绿翘和陈韪有私情，趁自己不在观中的时候偷偷会面。心生怒气的鱼玄机对绿翘严厉责问，绿翘却只是复述前面的解释，哭着说："**若云情爱，不蓄于胸襟有年矣，幸练师无疑。**"

可这样的解释不仅没有让鱼玄机信服，反而让她更为生气。于是，鱼玄机便扒了绿翘的衣服用竹板答挞，但绿翘仍然矢口否认。

被打得有气无力的绿翘忽然以口渴为由向鱼玄机要来了一杯水，却在接过时泼在了地上，言语决绝地说："**练师欲求三清长生之道，而未能忘解佩荐枕之欢，反以沈猜，厚诬贞正，翘今必毙于毒手矣，无天则无所诉，若有，谁能抑我强魂？誓不蠢蠢于冥冥之中，纵尔淫佚。**"

绿翘言尽气绝，让鱼玄机慌了手脚，好不容易冷静下来后，鱼玄机便将绿翘的尸体抬到了后院匆匆埋葬。

那时正是公元868年正月，春意将近，每每有人问起绿翘的行踪，鱼玄机都解释说她趁着春潮偷跑了。女子在当时本就不受重视，更何况只是一个被收养的婢女，鱼玄机这么答着，便也没有人再多加求证。

可偏偏就有那不凑巧的事情，一日鱼玄机又在观中以诗会友，饮宴享乐。一位客人席间去后院解手时，正瞧见一个土包上有无数苍蝇聚集，怎么赶都赶不走。察觉不妙的他定神看去，地上土壤似是有人松动过，旁边还有已然干涸的血痕，仔细闻之，竟然还有令人不适的腥味。

满心疑虑的客人将所见所闻尽数告知了身边的仆人，正巧这位仆人的哥哥对鱼玄机心有所慕，仆人便将事情又全部告诉了在官府任小卒职务的哥哥。

小卒曾向鱼玄机示好被拒，心中正记恨着，这次听闻这么奇怪的事情，自然十分上心，几番窥伺打听后，瞅准时机闯进鱼玄机的后院，竟用铁锹在土包处掘出了绿翘的尸体。

彼时的京兆府尹温璋是那时出了名的酷吏，用刑凶狠，仅《太平广记》中便多次记载过他执法过于严苛的行为，最令人不解的，当属他曾经竟然将一个偷鸟贼判处了死刑。罪证在前，鱼玄机供认不讳，温璋自然是心狠，可朝堂之上竟有不少官员为鱼玄机求情，京兆府无奈上奏后，这场命案在皇命之下最终仍是死刑收场——秋竟戮之，鱼玄机再也活不过这个秋天了。

《三水小牍》中的这段记载，初看下来似乎并无不妥，涉事众人也似乎合情合理，可当后人细细研究时，却从中挖掘出不少逻辑疏忽的地方。

依照当时的民间习性，绿翘是鱼玄机收养在观中的婢女，年龄比鱼玄机小，见识与资质自然也大不如鱼玄机，这样一个稚嫩的女孩儿，又如何能那样义正辞严、口吐不凡，她斥责鱼玄机"淫佚"的观点与语句，看起来倒更像是彼时男权社会下，男人们对鱼玄机的判词。

摒弃掉这层主观因素，从客观条件而言，这件事也疑云密布。按照那时的《唐律》，奴婢的地位"并同畜产"，乃"贱隶"。若是主人杀了奴婢，《唐律》中对主人法定的惩罚是："诸奴婢有罪，其主不请官司而杀者，杖一百。无罪而杀者，徒一年。"

便是说，若主人没有通过官府私下将有罪的奴婢杀死，最多也只会对主人"杖一百"，若是主人失手杀了没有罪的奴婢，就将主人充作奴婢一年。

可想而知，如果一切从法，即便绿翘真的死于鱼玄机之手，至多

不过为奴一年,无论如何也不该落得如此下场。

也有人猜测是京兆府尹觊觎鱼玄机被拒,因而怀恨报复;也有人猜测是最终定夺的皇帝不满群臣为一介女子求情,一心想要断绝后患……不论究竟是因为何种原因,鱼玄机的命运都在这一纸诏书下被判定。

在狱中时,鱼玄机没有留下更多的辩白,或许是知道命不由己,或许是这小半生于她而言已太过跌宕艰难,她望着囚墙上高高的栏窗,一脸平静地留下了自己人生中最后的诗句:

明月照幽隙,清风开短襟。

旅程中最后的诗句,有别于她前些年岁的作品,没有"**自惭不及鸳鸯侣,犹得双双近钓矶**"的缠绵情衷,也没有"**自能窥宋玉,何必恨王昌**"的热辣豪放,有的只是一腔清冷孤寂的疏离。似乎是一场绚烂的烟花终于燃尽了所有的热情,光亮散尽时,谁也瞧不见还氤氲在空中的烟粒是怎样的情绪。

狂欢一过,鱼玄机留给大家的似乎只剩下她的多情放浪与小肚善妒,这些将她的命运推着走的男人中,或许只有那一个人能凭《狱中作》辨出鱼玄机。

那位与鱼玄机诗歌和唱甚多的风流才子,温庭筠。

当年出生于落魄士人之家的鱼幼薇,自小跟随着饱读诗书却郁郁不得志的鱼父识字学诗,努力了半生都不见希望的穷秀才,把一身学

第六章 鱼玄机逃不开的摆布

识与满腔心血全部倾注在了女儿身上。天资不凡的鱼幼薇也没辜负父亲的期望，5岁就能记诵数百首诗文，7岁便已开始尝试作诗，神童的名声渐显。

可惜祸不单行，仕途碰壁的鱼父没能寿终正寝，早早便丢下妻女撒手人寰，这让本就清贫的家庭雪上加霜。生计所迫，母女俩搬到了青楼附近，依靠为歌妓们洗衣服挣取吃穿用度。

被迫在鱼龙混杂的环境中落脚，这对一位弱女子来说无疑是巨大的生活挑战，更何况这位女子还带着一位尚未成人的小女孩儿，稍有不幸便容易受到欺负。在轻视女性社会价值的时代，失去男性角色的家庭总会陷入这种无奈又困苦的境遇。无论是符合时代价值的无才之女，还是突破性别禁锢的有才之女，都很难靠自己挣脱困顿的淤泥，平等地获得与能力对应的社会地位和谋生机遇。

几年浑噩，十一二岁的鱼幼薇在家门旁见到了名满京华的温庭筠。

温庭筠的诗才自然是不必再赘述，而他惯常喜欢流连烟花之地，与各处歌妓艺女吟诗唱和。此时的鱼幼薇虽仍然生活在一片破败中，但小小年纪的诗文才华早就流传在长安文坛，这自是勾起了温庭筠探知一二的兴趣。

一时兴起的慕名拜访，就这样将这两个人的人生串在一起，也终于从泥淖中捞起了可怜的鱼幼薇。

温庭筠不仅为鱼幼薇提供了优质的一对一家教服务，还尽自己的余力在经济上对母女俩多有帮衬，相比师生或朋友，温庭筠更像是家庭中的兄长在支撑着鱼幼薇的生活与学习。拜师温庭筠后，鱼幼薇习

得了更为系统、精妙的诗词创作技巧，能力飞跃的同时，女孩儿的心思也如那初春的新绿迅速抽芽，不多时便盈了满腔。

初次情动总是容易面临许多艰难。温庭筠固然风度不凡、才华横溢，鱼幼薇又正是情意萌动的年龄，文人的情思向来细腻，温庭筠又给予了如此温柔的关怀，动心动情确乎情理之中。但温庭筠素来过惯了无所拘束、纵情放浪的日子，他这一生几乎写尽了那些歌妓、妇女、道士之间的闺怨与相思，看透了那些真情与缘尽，他太明白一段感情从开始到结束会走过怎样的轨迹，又容易被怎样的事情绊个趔趄。

有人说他是自觉长相欠佳配不上这样一位才貌双全的少女，有人说他是碍于悬殊的年龄不敢跨越那片雷池。不论真相如何，温庭筠没有点破这位少女的心思，在鱼幼薇14岁那年决定离开长安远赴襄阳。恰逢李亿有意，温庭筠见他是因才起意，才放心为二人搭了桥。

我却更愿意相信，温庭筠的所作所为关乎他最大的顾虑：自己是个钟情自由无束的人，没有稳定的打算，他或许可以凭余力与兴趣给予一定的关怀，可他没有办法承诺更沉重的责任。鱼幼薇于他是徒弟，亦是小妹，更是知己，不似那寻常花楼中可亲昵的娘子，也并非偶尔聚会时会调笑的女伴。

知己已是最亲最好的相伴。

往后的日子里，无论二人是见面相聚还是分隔两处，诗歌相和一直未曾中断，史书中对二人关系的陈述近乎空白，好在那一组组存世的诗文留住了二人的相知情。

只无奈，好心的托付无意间将鱼玄机送上了不归路。或许，他也曾有过后悔，没有再多了解清楚李亿往后的规划与打算，没有做好更细致的背景调查，我也确实在许多人的感叹中读到过众人对温庭筠的怪罪，认为鱼玄机的悲剧全然是温庭筠所致。

可人心的变数又岂是他能预料的呢？这样的结局终归是由一件件环环相扣的琐事慢慢推进，而这些事件中一直不变的委屈与无奈，始终都是鱼玄机在男人安排下的一次次低头。

她无法改变自己的人生与境遇，甚至连为自己的人生做主都异常艰难。她好不容易在观中为自己开启了新的活法，自以为终于选择了一条可以自我掌控的路，最终却仍然逃不出那些男性傲慢的桎梏，不明不白地背负上杀名，赔尽自己本就在时代滤镜下价值无几的生命。

你瞧，即便这价值不被承认，他们都由不得她为之做主。

他们从她的人生路过，将她推向不同的轨迹，却又弃她而去，独自迎向更精彩的未来，而她这小半生，却不过才将将走过24载。

若是人生路上的方向盘能交还，她这般天赋之才与通透的性子，大抵能为她书写出更多的精彩。但世间终归没有那些如果与重来，鱼玄机虽已不在，我们却已经能比她更稳地握住属于自己的方向盘，也许珍重如今得之不易的机遇，不再让这般悲剧一遍遍重写，便是我们能给予她，也给予我们自己，最温暖的结局。

第七章 薛涛 游走于精明与赤诚之间

  做一个聪明人,对于一位小有才学的人来说从来不是一件什么难事。

  可若要活得精明,一颗聪明的脑袋定然远远不够。

  要是精明了半生后,还想要从心口掏出一片热切的赤诚,如此妙人,更是难遇。

  可偏偏,薛涛就是这样一位妙人。

把握时机就能改变命运

薛涛与自己人生中的贵人相遇时，正是一个灯火通明的夜晚。

那时，时任中书令的韦皋正出任剑南西川节度使，各地官员眼力十足，纷纷倾力示好。这夜又是一局毫无新意的酒席，韦皋执着酒杯，望着下面推杯换盏、言笑晏晏的官员们，心中不免生出些许烦闷。

身侧的侍从心明眼亮，见韦皋已有倦意，便机灵提议："大人，您上次不是说，想见见那位薛姑娘？今夜既然无事，不就是个好机会？"

韦皋点头后不久，一位姑娘便被寻至宴上。

这位被韦皋特意点名要见的薛姑娘，便是凭借"通音律，善辩慧，工诗赋"以及绝色姿容声名远播的薛涛。

绝色美女，韦皋见得不少，这显然不是他此番邀见最大的目的，薛涛的才气才是韦皋最为好奇的特质。虽然唐朝才女本就不算罕见，但正因为这般寻常，能在如此境遇下仍然靠才出名，可见此人的才气是有多么的不同凡响。

第七章 薛涛 游走于精明与赤诚之间

薛涛站在庭中，霎时间便吸引了所有人的目光，韦皋思索片刻，提出让薛涛即兴赋诗为酒席助兴。

轻声应下后，旁边的侍女们便搬来方桌，为这位庭中的妙人奉上笔墨纸砚。薛涛提笔蘸墨，未及多想，便在纸上簌簌挥就：

乱猿啼处访高唐，路入烟霞草木香。
山色未能忘宋玉，水声犹是哭襄王。
朝朝夜夜阳台下，为雨为云楚国亡。
惆怅庙前多少柳，春来空斗画眉长。

即兴作诗，最是考验一个人腹中的典故存量，其次便是看这人思维与技巧的灵度。在我的认知中，有文采之人大抵分为两种：一类是思维大于技巧，任意所见便能迅速引起所思所想及深刻感悟，仿佛遇着火星的炮捻子，只要挨上便是一阵炫目的输出；另一类则是技巧大于思维，目之所及、心之所向均没有如此迅速"天雷勾动地火"的反应，但却能在屏息静气中，靠技巧将思绪中的文思一根根抽出，编织成炫目的成品。

两者虽然皆是一个人行文能力的评判标尺，但前者是毋庸置疑的天赋型选手，而显然，薛涛便属于前者。

这首《谒巫山庙》须臾而成，其完成度与成篇速度之优秀，几乎快要让人误会为这是场提前对过台词的戏。

未及让人品出文辞间的一二来，便已有人暗暗惊叹——比之文采

更为众人惊艳的是，那纸上字迹笔力遒劲，丝缕绵柔女气若隐若现，而行书之妙亦颇有王羲之的笔韵。

再细看那一句句诗文时，言辞间挥之不去的回肠荡气，更是让人难信这纯然出自女子之手。

韦皋看后拍案称绝，连连大笑道："好诗！好才情！真是不负盛名！"

这首诗毫不吝啬的夸赞，让薛涛声名鹊起，一跃成为当地炙手可热的红人儿。自那之后，每每韦皋府中大设盛宴时，薛涛便会被邀去侍宴，风光更盛。

这一切荣誉虽然来得突然，但薛涛可并不认为这是一场凭运气的"表彰"，这一切都在她的期许中，也在她的意料内，甚至有可能早就爬上过她的小计划。

在遇见韦皋之前，薛涛不过是成都城内的一位乐伎、清客，以奏乐卖唱为生。虽不需靠出卖肉身求得生计，但在古代，以声取悦他人的女乐身份仍旧十分卑贱。唐朝因态度开放，凡此种种不似其他朝代那般过于压迫，可这份行当，依旧不会是什么读书人家的女孩儿会做出的选择。

可薛涛这般专业的笔力，这般优异的创作能力，又怎会是什么孤苦人家养出来的女孩儿呢？

实际上，她确实原本不应跌落在这坛花泥中。

小时候的薛涛，是父亲的掌上明珠，父亲薛郧本就学识渊博，从小在家中便教薛涛读书写诗，盼着女儿长大。薛涛8岁时的一日，薛

第七章 薛涛 游走于精明与赤诚之间

郧正倚靠在庭院里的梧桐树下乘凉，静闲许久后，便似有所悟地吟诵道：

庭除一古桐，耸干入云中。

没想到正在旁边玩耍的薛涛头也不抬，随口便为父亲薛郧的诗续上两句：

枝迎南北鸟，叶送往来风。

父亲听到这两句，既惊喜于她此时不过才八九岁的天分，又略微为这两句诗隐隐担心。虽然薛涛这两句诗不过只是简单的触景生情，没有更多的意思，但薛郧却暗自觉得这像是不祥之兆，仿佛在预示着自己的女儿以后会是个迎来送往的人。

然而这般简单惬意的生活未能持续太久，由于薛郧为人正直果敢，嫉恶如仇，没多久便在官场上得罪了当朝权贵，落得个贬谪至四川的下场。

一家人只好跋山涉水，一路从繁华的京城长安搬到了地处偏远的成都。或许是因为水土不服，难以适应新环境的生活节奏，又或许是心郁气结，满腹的委屈无从排解，一次出使南诏的任务中，身体状况不佳的薛郧不幸沾染上瘴疠，早早地离开了人世。

那时的薛涛不过才14岁的年纪，家里瞬间失去了生活支柱，不由

得让母女俩的生活陷入了令人愁苦的困境。万般无奈之下,薛涛只好凭借着"容姿既丽"与"通音律,善辩慧,工诗赋",在16岁的年纪加入乐籍。

这似乎是那个时代无解的困境,女子总是难以在社会中谋求一份体面的工作,卖不了苦力,也没机会拼智力。所有合理的职业似乎都是专门为男性设计的,即便不在"女子无才便是德"上纠结时,也会在各方各面为女子的谋职画下隐形的门槛。

一个和美的家庭,一旦失去了男主人,便似乎会被自动降为社会底层,无论你原本具有怎样的价值——女子的价值似乎只有依附在男性身上时,才有资格被看到、被讨论。

这大概是男性夺得社会主权后,特意留下的"傲气",这份"傲气"或许原本只是饱含着动物征服欲的本能标记,可当这份"傲气"充斥至我们生活的每个角落,及至它霸道地抢占了正常平等的生活空间时,它便已不再是一份和平的态度。

过去的时光里,薛涛虽然不得不在这份"傲气"下卑躬屈膝,可她隐隐约约总觉得自己不会始终如此——她还有一身傲人的才情,还能落下挥斥方遒的墨笔。

这尘世间的庸庸碌碌固然乱人心、迷人眼。但她,却不甘于命运被缚,始终警觉着每一个可能出现的转机,蓄势待发。

傲，也该适可而止

贰

幸而如今的我们已不再需要被要求依附任何，虽然那些隐形的门槛尚未完全消除，却也在年复一年的人类进程中，正在一点点地被清理、被消除。

只可惜，薛涛并没有享受利用平等社会实现自我真实价值的机会。那时的官员们通常为科举出身，文化素养极高，平日出入娱乐场所时，并非寻见一些貌美之人作伴便会满足。他们心仪的女乐还需要才艺、见识与辞令，这些将将好都是薛涛擅长之事，彼时与她往来之人，不少都是名士大家，诸如白居易、刘禹锡、杜牧等诗坛名将，也都在与之交好之列。

正靠着与这些诗人的交情，她才能在娱乐场中博得些许薄名，当成为韦皋身边侍宴的不二人选后，薛涛又凭借着韦皋的地位与力量，迎来了自己人生中最光彩却也最迷失的一段日子。

薛涛如此令人惊艳的文采，韦皋自然不会仅仅只是让她做一个陪

笑吟诗的美丽吉祥物。其余时间，韦皋经常会让薛涛参与一些案牍工作。

这些工作对于薛涛来说无疑小事一桩，她撰写的公文不但文采斐然，还极其细致认真，甚少出错。配合了一段时日后，韦皋还是觉得如此有些大材小用，便突发奇想向朝廷开口授薛涛以秘书省校书郎官衔，申请让薛涛作"校书郎"。

校书郎一职在当时虽仅为从九品的官阶，但实际上这项工作的门槛极高，主要负责公文撰写与典校藏书，按照当时的规定，只有进士级别的人才有资格担当此职。

要知道，赫赫有名的白居易、李商隐、王昌龄等人，起初都是从这个职位起步，古往今来，还未曾有任何一位女子被任命过该职位。

可惜的是，终是因受制于旧例，韦皋的申请并未通过，但由于薛涛才情足矣，人们都愿意称之为"女校书"。

有时候，或许普通的我们原本早已丢弃了那些固执的偏见，可落灰的制度却在无形中牵制着我们思想的进步，在这种潜移默化的桎梏中，本该向前走的我们，不得不被拉扯着原地踏步，却不自知——都说人活于世应该守规矩，可规矩是否一定是唯一的生存准则，那些规范言行的条条框框是否应该得到呼吸与成长……

或许，对于规则，思考与执行同要重要。

从曾经察言观色的女乐攀升至而今如日中天的女校书，薛涛似乎是扶摇直上、平步青云，小女子难免有些恃宠而骄。正此间，许多意欲走后门的官员也将行贿的对象聚焦到了薛涛身上。他们揣着财礼纷

第七章 薛涛 游走于精明与赤诚之间

至沓来,都想通过向薛涛表诚意达到自己的特殊心思。

薛涛其实不爱金银珠宝,她一贯视钱财如粪土,可她并不拒绝送上门来的礼物,总是照单全收后又全数上交。她或许只是以讨好的身姿在男人圈中营生了太久,如今地位对调,曾经自己要小心翼翼服侍的人们,忽然要以小心翼翼的陪笑姿态来向自己示好。那些曾经迫不得已扔弃掉的骄傲与自尊,忽然从他们手上又一寸寸地收了回来。

薛涛似乎有些上瘾,就像极度节食后的身体再次面对丰盛的食物时,总会加倍地汲取营养、留存能量,薛涛沉浸在这份掌控他人的"傲气"中无法自拔。可这份"性亦狂逸"的傲气却让韦皋愈加不满,虽然薛涛收来的贿礼总是尽数上交,可她闹出的动静实在太大,着实是有碍观瞻。

韦皋确实识才惜才,可这并不代表他会对薛涛恃才而骄的狂傲再三退让,气急之下,韦皋将薛涛发配到了兵荒马乱、战火纷扬的松州。

竟是要将她充为营妓,这让薛涛如坠冰窖。

即便是在身为女乐的日子里,因为一身的技艺与满腹才学,社会地位低微的薛涛在文人才士间仍小有风光——虽谈不上受人敬重,但也至少得到了不少人的垂爱与认可。被韦皋赏识后,她更是平步青云,霎时升跃至不曾抵达过的人生顶点,享受了高位带来的精神红利。

如今忽然面临跌入泥淖的局面,她才幡然清醒:自己门前这热热闹闹的景象,不过全然仰仗着韦皋的宠爱。

真是自己的才能换取到的地位与权势吗?不,她的好与坏,甚至

生与死,都紧紧地捏在别人的手里。久旱的她迷失在了蜃楼般的虚浮与繁华中,一旦韦皋收回投向她的阳光,蜃楼散去,眼前不过只是一片死寂的沙地。

如今的我们,或许很少能体会到这般近乎生死不由己的心情,但或多或少也经历过被父母长辈,甚至俗世规则支配人生的时刻。无论平时的我们有多"嚣张",有多热血地跟着银幕中那些形象喊过"我命由我不由天",可总有一些岔路口,我们不能依照自己的意愿选择方向。

大多数的时候,我们好像都只看到了坚持自我与就此妥协这两种选择,因此,不是固执地让自己与世界陷入长久的拉锯,就是让自己与心底的声音坠入无尽的对峙。

可在薛涛的眼里,还有第三条路。

对自身境遇了然于心的薛涛在被韦皋支配人生后,很快便冷静了下来。松州地处偏远的西南边陲,荒芜凄凉,这当然不是薛涛想来的地方,况且还是以营妓的身份苟活,这更是薛涛不敢想象的苦境。她在颠簸的漫漫长路上用情绪饱满的诗句记录下了自己的思绪:

闻道边城苦,而今到始知。却将门下曲,唱与陇头儿。

许是以诗表情的行为启发了自己,薛涛随即又提笔将自己内心更深处的感悟诉诸墨迹,她在接下来的十首七言绝句中倾情忏悔了自己先前的张扬与轻狂,不惜将自己踩低到土里,以犬、笔、马、鹦鹉、燕、珠、鱼、鹰、竹、镜自比,将这场分离视作"犬离主""笔离手""马离厩""鹦鹉离笼""燕离巢""珠离掌""鱼离池""鹰

第七章 薛涛 游走于精明与赤诚之间

离鞲""竹离亭""镜离台"。

韦皋自然便是那时时刻刻处处掌控者的身份。

一个"离"字,自古多少以此为题、精妙绝伦的诗词,可鲜少有如此首首卑微句句讨好的沉痛之作。薛涛自认引起主人般的韦皋不快,乃至被抛弃,都是咎由自取,这份屈从让韦皋不禁心软,将薛涛又召回了成都。

不得不说,薛涛是一位精明之人,她确实拥有令人惊叹的才情,可却未能摆脱社会予之的低卑身份,这次变故让她更为清醒地认识到了世事的俗规,自傲戛然而止,她机灵地选择了暂时"认怂"。

以退为进,她比更多驰骋江湖的男人更明白能屈能伸的道理。

一瞬的爱情也要燃得绚烂

回到成都的薛涛仿佛刚刚经历完人生的大考,她比曾经任何一刻都清楚靠人不如靠己。薛涛虽然精明,懂得为自己谋利,可她却不迷失于那些蝇营狗苟,仍然对自己报以绝对的赤诚,于是她便向韦皋提出了请求,让他帮助自己脱离了乐籍,成为自由之身,退隐至成都浣花溪闲适度日。

就在这时节,她遇见了此生唯一的热烈。

元和四年的三月,奉命出使的监察御史元稹在历经蜀地时,向这位芳名远扬的才女提出了见面的邀约。

那时,元稹是如日中天的大诗人,薛涛本就对文人名士多有青睐,此番邀约自然也是欣然应下,却没承想,这一见,便是一场不顾一切的沉沦。

在薛涛的认知里,若韦皋是株可供薛涛如藤蔓般攀附向上的大树,那元稹便是与她同生共死,可以互相缠绕借力的藤蔓。

第七章 薛涛 游走于精明与赤诚之间

彼时的薛涛已然步入中年,而元稹正值男人风华正茂的31岁,二人有着近11岁的年龄差,可被元稹的俊朗与诗才吸引的薛涛将这些顾虑全然抛在了脑后:对于自己抱有绝对赤诚的薛涛而言,爱情一旦被点燃,便一定要燃得果敢又炽烈。

见面的第二天,她便写下了真挚热烈的《池上双鸟》:

双栖绿池上,朝暮共飞还。更忆将雏日,同心莲叶间。

爱情虽然于她而言迟来了太久,可并不影响她充分地燃烧,即便她早已过了含羞的年龄,可这种未曾经历过的冲动正在告诉她:这个男人便是她的梦中情郎。

于是她不顾一切地将自己投身于爱的烈焰,他们牵着手流连于锦江之滨,结伴在蜀山青川,情窦迟开的薛涛感受到了从未有过的满足与幸福,与元稹日日相对的日子是她一生中最最快乐的时光。

可幸福对于此刻柔情万种的小女子来说,总是甚为短暂,不过三四个月的时光,元稹便被调离川地,远赴洛阳任职。不可避免的分别让薛涛万分无奈,可又无可奈何,正值愁苦之际,一封来自元稹亲笔的书信又让薛涛打起了十足的精神。

或许一切若是止步于那场分别便已是最好的结局,可偏偏元稹寄来了这封书信,这在薛涛眼中代表着一份深情,也是一种鼓励,于是,自认两情远隔的薛涛便开始用一首首诗寄托自己的相思之情。

薛涛最爱写四言绝句,偶尔的律诗也只写八句,因此,在迷上了

写诗的信笺后,她常常嫌弃平时作诗纸幅的大小。于是她便对当地造纸的工艺进行了改造升级,将素色的纸染成了桃红色,并且精心裁成小巧的窄笺。

这种尤其适合书写情书的纸笺,被人们称为"薛涛笺"。

只可惜,才子元稹不仅多情,还花心,他谈恋爱用的不是心,而是脑子,在薛涛对他心心念念、朝思暮想时,他早已有了别的打算。

元稹没有如书信中承诺的那般回来,也许是顾虑于两人实在悬殊的年龄差,也许是纠结于薛涛乐籍出身——薛涛于这俗世也不过相当于一个风尘女子,与这样身份的女子纠缠不清,只会对一心求官的元稹产生负面作用,没有任何积极意义的加持。

薛涛何其聪慧,再怎么沉溺于爱情,事已至此,又怎能不明白元稹所想,可她并不后悔,就像当初被支配人生时她也能精明地立马放下自己的高傲一样,她坦然接受了元稹的抛弃。虽然刻骨铭心,虽然她也曾满怀幽怨与期盼,但她没有如小女子失恋一般地寻死觅活,在留下一首流传千古的《春望词》后,便卸下红裙换上道袍,用一片淡然替换掉了自己炽烈的内心。

也没有什么可遗憾的了,该经历的薛涛都经历过了,有过权势在手,也有过与爱相拥,这段爱情虽然短暂,但好在自己未曾浪费掉相处时的分分秒秒,他们月下饮过酒,雾里赏过山,哪怕只有一瞬,只要曾经尽情燃烧出耀眼的绚烂,此生便足矣。

这样的态度,倒确实适合在道袍下守着一方内心中的净地。

风住尘香的时候她应该会回忆起自己人生中没能逃过的那份凄苦:

第七章 薛涛游走于精明与赤诚之间

风花日将老，佳期犹渺渺。不结同心人，空结同心草。

可生命本无常，她过去的大半生里始终都在为男人而活，既然相伴始终是无望，那么这最后的一次期望与依赖便不如随诗而毕，让自己彻彻底底地为自己活一次，拾回初时被元稹打乱的脚步，忠于内心的赤诚，才不负这沿途的风景。

这又何尝不是她处世的精明之处呢？

第八章 李清照 半生美满也逃不过的愁

如若将诗词文赋这个大学坛比作战场,那李清照必然是这片沙场上的一员骁勇之将。从古至今,能在诗词文赋之间留有一名的才女的确不少,但能将自己的词风冠以姓名嵌在宋词的历史血脉中,能让世人拱手道一声"词宗"的,确实唯有李清照这一人。

细细算来,这位在古代文学领域拥有极致地位的宋词"大家",存世作品实际不过才70篇有余,若是刨去诗歌文赋,便仅余词作40多篇。要知道,几乎任一诗词大咖都至少手握成百上千首的传世之作。虽然李清照的存世词作未过半百,但千余年来任谁都绕不开她的喜怒哀乐。

出生罗马

沈谦①曾将李清照与个人风格别树一帜的李后主相提并论:"男中李后主,女中李易安,极是当行本色。"

不得不说,她的作品实在是太令人难忘,几乎随便拿出一首来,都有着极致的灵动情绪。或是羞赧与活泼交织的闺情,或是哀婉与忧思相辅的苦衷,无论她是笑是哭是悲叹,都似时时刻刻俯人耳侧,一词一韵都离不开她骨子里的那股清俊疏朗。

极是当行本色。极致,便是她一生情致的起笔,也是她的人生底色。

自夏朝起,中国历史上先后有多个王朝定都于河南开封。北宋时期的汴京便是此地,彼时它不仅人口繁盛、经济发达,还正孕育着承

---

① 公元1620—1670年,字去矜,号东江,仁和临平(今余杭临平镇)人,明末清初韵学家。

第八章 李清照 半生美满也逃不过的愁

继汉唐、启元明清的"宋文化"。

这座城在岁月的层层晕染下敛足了文韵风华,一砖一瓦的京城盛景,俱是文人墨客笔下的璀璨华彩,那些让人怦然心动的画意与词情,皆在伎人的婉转吟哦间流连缠绵。

这是彼时世界上毋庸置疑的第一大城市,而少年的李清照就生活在这极致的城中,她每日目之所及都是一幅动态的《清明上河图》——没错,那幅在中国乃至世界绘画史上都独一无二的绝世长卷,那画中的一舟一马,都来自李清照此时此刻所面对的这座汴京城。

这座城的极致,影响着诸多文艺了一辈子的大儒,自然也深深地影响着李清照。

不可否认,我们绝大多数人人生高度的上限,往往在出生的那一刻便被做好了初评级。有些人在初评级中不慌不忙地度过了一生,而还有许多人满心想要挣脱出生环境给自己人生的设定,于是咬紧牙奋力向上位圈奔跑——虽然不应该将这个社会的形形色色分出三六九等,但不可否认的是,在不同的环境之下,你所能接触到的任何人与事物都会有着或大或小的差距,而这些差距不仅会影响到你的眼界和见识,还左右着你的交际圈与人生轨迹。

所以怀有望子女成龙凤心思的父母,为了孩子的成长效仿孟母三迁的事件屡见不鲜,这恰巧可见,自古以来,父母为孩子择"良木"都是人才筑基极其重要的第一步。一个心胸有灵的人若是被丢进浑浊的浅坛里,他或许有一定的几率挣扎着"出淤泥而不染",可也不免有深陷泥潭无法拔足的风险;但若是他一开始就在澄澈的活水中自由

游弋,习惯于浪花之下激流勇进,那龙门之上必定早早便会有他飞跃的矫姿。

关于出身,不得不承认,有时候确实没有那么多的公平可言。虽然条条大路通罗马,但有些人还苦心奔波在大路上时,有的人却偏偏出身于罗马,自他降生的那一刻起便天然地站在了更高的起点。尤其若是他本就天资斐然,那么在优秀环境浸润下的他只会越走越快,越跑越稳,与稍显平庸的我们最终远远地隔在不同的世界。

而李家在一开始就占尽了天时、地利与人和:李清照成长于精神与物质同等富裕的书香门第,父亲李格非藏书颇盛,十分热爱文学艺术,是大文豪苏轼的学生,诗词文赋自然不在话下;母亲也是文学氛围浓厚的家庭出身,文学修养非比寻常。

这是大宋盛世下京都城中的官宦书门,生于极致的家庭,又长于极致的古城,她仿佛那活水中的锦鲤,年少之时便在盛光下亮出了自己的流光溢彩。

对于天赋上佳、聪颖好学的李清照而言,出身的不凡加速了她体内那股惊才绝艳之势的"孵化",促成了她早期作品的灵动与纯澈,她会担心一夜骤雨后的海棠,即便不忍探看也惋惜道"**应是绿肥红瘦**",也会在兴尽归家不慎迷路,正与友人焦头烂额时,留意到"**惊起一滩鸥鹭**"……

这些闺阁之中、自然之间的喜悲哀乐,是李清照惬意生活的写照,也是她年少早期作品的素材源泉。热爱自然与生活的李清照没有"少年不识愁滋味,为赋新词强说愁"的别扭阶段,几乎直接一跃而

第八章 李清照 半生美满也逃不过的愁

成众口之中的天赋词女。

可这些细水潺潺的情绪，虽然绝妙又美好，却总还是少了几分刺激味蕾的分量——她的词虽是优异，却也欠缺一分火候——在极致的成长环境的浸润下，一位优异词人的诞生似乎还差"临门一脚"。

琴瑟相和的美满

这位才女年少时期的情窦，初开于一个露水尚重、花叶含羞的清晨。

那天，刚刚用过早饭的李清照在自家院中轻轻荡着秋千消食，正当她从秋千上跳下时，一位略感眼熟的英姿少年就这样闯入她的眼眸。

或许是这位少年来得太过意外，或许是自己的心情太过陌生，一向自信大方的李清照在这一刻忽然有些心慌意乱，是父亲的客，李清照却不舍他只是一位过客。

她回到房中，乱跳的心口还久久未能平静，踯躅了片刻，她提笔写下了自己这一生的第一次心动：

蹴罢秋千，起来慵整纤纤手。露浓花瘦，薄汗轻衣透。

见客入来，袜刬金钗溜。和羞走，倚门回首，却把青梅嗅。①

---

① 《点绛唇·蹴罢秋千》。

第八章 李清照 半生美满也逃不过的愁

一见钟情，多么梦幻的爱情展开，就这样，那天叩开李家大门的赵明诚也顺理成章地叩开了李清照的心扉。

其实，赵明诚第一次见到李清照是在相国寺前的一个元宵花灯夜。

那日他与李清照的堂兄李迥同游，意外地见到了这位因为灵动的诗词让自己本就满心赞赏的少女。此番相见，让赵明诚陷入了相思之苦，回家后，满腔热情的赵明诚斟酌再三，写下了"言与司合，安上已脱，芝芙草拔"的字谜向父亲委婉提及自己的相思情。

词女之夫，不过"词女"二字，便能叫人从偌大一个人才济济的汴京城中锁定那一位少女。

彼时的李清照还没有想到赵明诚于她而言会有多么地合拍，但实际上从她出生在李家时，这一切便已冥冥注定。相信我们每一个人都很清晰地明白，一个人生活的圈子往往便决定着他的社交人脉——不凡的人又怎么会有机缘与庸世俗人相遇相识？

优异的出身让李清照得以遇见为她带来了幸福与更多成长的那个人。那时李清照的父亲李格非是礼部员外郎，负责北宋的外交事宜，而赵明诚的父亲是吏部侍郎，负责北宋的人事事宜，都是朝廷的高级官员。两家的门当户对，就像李清照父母亲的结合一样，几乎没有任何不合适的地方。

这桩美满姻缘的到来，几乎是不费吹灰之力。

都说原生家庭的氛围环境与原生父母的相处之道，往往会对孩子的人生展望产生举足轻重的影响作用。起初我不甚在意这样的说辞，

但在慢慢长大的过程中,尤其是拥有了自己的孩子以后,我对这一点几乎深信不疑。太多人将孩子的成长简单地理解为对这个世界与书本知识的认知,但实际上,在孩子心中最具影响力的永远是父母,他心中对善意与爱意的解读往往都是在对父母的观察中学来,并逐渐加深印象。

这一点在李清照的身上体现得颇为深刻。父母门当户对的理想结合,不仅为李清照提供了优渥的生长环境,最为重要的,父母的琴瑟和鸣,让李清照对爱情充满无限美好的遐想。庆幸的是,这份意外的一见钟情为她选中的的确不仅是一位仪表堂堂的配适夫婿,更是一位志趣相投的灵魂伴侣。

赵明诚好书画,还爱好金石之学,"余自少小喜从当世学士大夫访问前代金石刻词"[1],这几乎是他自幼时起便沉醉其间的爱好。

这与李清照简直一拍即合。

不仅一见钟情,更难得是志趣相投,一段琴瑟相合的佳话在人群之中传了开来,夫妻二人一时间几乎是人人艳羡的才子佳人。

二人成婚后,赵明诚对金石学的志趣有增无减,日益痴迷,满心"穷遐方绝域,尽天下古文奇字之志"[2]。李清照一直与赵明诚共同研学,以收集金石字画为趣,而李清照与赵明诚两家丰厚的藏书,也为二人提供了良好的文学精进环境。

---

[1] 《金石录》序。
[2] 《金石录》后序。

第八章 李清照 半生美满也逃不过的愁

李清照与赵明诚都是对知识十分渴求的人，工于此却时刻不满于此。没多久，两家的藏书已经不能满足这对夫妻的求知欲与上进心，于是二人便常常委托亲朋好友，想方设法将朝廷馆阁收藏的罕见珍本借过来誊抄研读，"尽力传写，浸觉有味，不能自已"，若是得了机遇与空闲，还会亲自上街去收集更多的典籍与古玩。

当赵氏亲属因政治原因被迫归隐乡间时，受此牵连的二人甚至干脆开心地定居青州——这座城曾是古齐国的腹心之地，丰碑巨碣，常能发掘到三代古器，是名副其实的古物之邦。李清照与赵明诚此时普通百姓的新身份让他们得以拥有更多的空闲时光，可以将全部的精力投入金石、字画与古玩的学习。

诸如北齐《临淮王像碑》《东魏张烈碑》，唐李邕撰书的《大云寺禅院碑》等等，一大批石刻资料，都被二人收藏在手，甚至益都出土的古戟，昌乐丹水岸出土的古爵、古觚等物，都陆续成为了他俩的宝藏。由于志趣相投又学识相仿，李清照夫妻俩每次觅来的珍奇宝书，都会一起认真勘校，仔仔细细地整理题签，甚至为之考证、寻觅相搭配的书画器具，讨论其中是否有更深的联系，或者寻求相辅相成的把玩方式。

谁都想找到一个能以共同话题相伴余生的人，因为在有限的生命里，我们每个人想要做的事情都太多太多了，如果那个相伴余生的人不能陪伴左右，我们究竟是牺牲爱情还是牺牲爱好呢？难怪有许多尚在单身的人都喜欢自嘲：想看的风景和想玩的游戏那么多，哪有时间谈恋爱呀！

若是我们自己梦之所在的那些事情,本身也是另一半的梦之所在,那这一辈子恐怕便再没有什么可遗憾的了。

李清照无疑便是这样一位极幸运的人,这种既能一起钻研小众爱好,又能在高远的文学理想上互促互进的伴侣状态,让李清照浑身充满了动力与斗志,一直在无形中更新、升级着自己的学识素养。

她总会在阳光倾泻的午后与赵明诚互猜前几日才探讨过的诗句,又或者互考哪本书中不日前刚刚一同学过的某个典故,兴致再高些的时候,甚至会将前阵子刚淘到的古玩拿出来互相鉴赏。书房一侧那堆积如山的书籍器物自然是他们此番消遣的筹码,而刚刚在炉火上新煮的清茶,或许就是这一番雅赌的赌注。

略胜一筹的总是李清照,对于才学,她从来是自信的,也始终能承得起这份自信,而这也正好是让赵明诚爱慕的地方。

李清照这样才气凌人的文艺女,会让人惊艳,会让人迷恋、仰慕,但几乎没有人会期待她是传统婚姻生活中最讨喜的那一款。她既不擅长操持家务,也不是性格温吞、视夫君为天的谦卑妇人。男人间侃侃而谈的,她甚至更能妙语连连,若是他人与自己观念相左,甚至还能长篇大论字字在理地反驳回去。

比如坚持认为词的写作手法应当遵守"别是一家"这一创作理念的她,甚至在自己的《词论》中点名"批评"了诸如欧阳修、苏轼之流,其中对同为婉约派的秦观也摇头道"秦即专主情致,而少故实。如贫家美女,虽极妍丽丰逸,而终乏富贵态",毫不客气地将秦观的词文比作了贫穷人家的时尚美女。

且不论她的观点是否真的在理，光这份凌人的自信与底气，于女子中实属罕见，叫人称奇。人们终归会觉得和谐幸福的婚姻生活需要"示弱"，可她偏不是那样的女子，兴之所至时自然也能柔情蜜意、小鸟依人，可断不会去膜拜伴侣——她可是连赌茶、下棋都定要全力争胜的人。

但赵明诚偏偏就服这样才气凌人的她。

记得某次小别，相思情深又无处排解的李清照作了一首小词寄给赵明诚，赵明诚反复念诵后赞叹不已，心动难平，又莫名被激起了一腔的胜负欲，随即闭门谢客，绞尽脑汁地回写了数十首。他拿着自己写的混合着李清照写给自己的那首，找来朋友评鉴，友人陆德夫细细品味后指着其中一首："只这三句绝佳。"

赵明诚只得哑然失笑，却又不得不服，甚至心生骄傲。

"莫道不销魂，帘卷西风，人比黄花瘦"，这三句正是夫人李清照写给自己的《醉花阴》中的，让自己也心神激荡的表白。

这三句，也是千年来多少人陷入甜苦微涩的相思时会喃喃在嘴边的告白。

原来此时此刻，相和的已不仅是李清照与赵明诚，还是李易安与她的婉约词。

人们能读懂李清照"知否？知否"中的不忍与叹惋，却少有人能真的将心比心，感同身受那份对海棠的怜惜，于是难于那绝美的词句再近上分毫。但谁人不能品味出"人比黄花瘦"的甘苦呢？

因为这场一见钟情的相遇，易安之词不经意间已由少女时代的

"陈情"升级为了"共情",将"旁观者"不知不觉地变为了"经历者",这一瞬拉近的距离,也是李清照向"词宗"之位迈的那一大步。

李清照这样被天赋眷顾的人,一生才情甚高,她不必自命不凡,也注定是被不凡的激涛包裹着。就像炽烈的太阳,即便是被云层遮面,也难以被掩去全身的光热力量。

她顾不及与人奉承,顾不上在言谈间向人示弱——正巧赵明诚是懂得欣赏的人。

李清照的高才与傲气,因为遇到了既懂得欣赏也能与之相谈相论的赵明诚,反而成为了彼此黏合、共同精进的催化剂。这种你来我往、指哪儿打哪儿的交流,愈加让赵明诚在一次次的叹服中深切感受到自己夫人的魅力所在,也更激励着他与李清照一同在兴趣爱好上越究越远。

我时常感叹,一辈子这么长,一定要和聊得来的人在一起,其实所谓聊得来,便是两个人能够相互欣赏,相互包容,最终可以共同成长。不得不说,若是遇到了对的人,再耀眼的个人特质也不会轻易成为二人之间的隔阂与矛盾。相反,对的人会更懂得欣赏你,更明白如何将你的优秀视若珍宝,帮助你迎来更滋润的生长。

那段屏居青州与之后随赵明诚出守莱州、淄州的时光,是李清照心中最美满的人生阶段。在二人相濡以沫、共研学问的日子里,李清照不仅助力赵明诚大体上完成了《金石录》的写作,使其达成理想,还为自己的文学理想埋下了始料未及的伏笔。

凄迷的爱情终局

在此前的婚姻生活中,虽然因为李清照与赵明诚两家父亲官场上沉浮的影响,夫妻俩几经离别,很早便脱离了京城的显贵生活,过上了相对简朴的日子。但因为二人一直乐观处世,以理想为大,即便"以衣易物"也乐得其所,李清照一直以来都与赵明诚过着自觉幸福的日子。

这段琴瑟相和的时日里,美妙的爱情是李清照最大的文思泉源,她在诗词里毫不避讳地表达着心中的柔情,是"云鬓斜簪,徒要教郎比并看"①的娇嗔,也是"此情无计可消除,才下眉头,却上心头"②

---

① 《减字木兰花·卖花担上》:卖花担上,买得一枝春欲放。泪染轻匀,犹带彤霞晓露痕。怕郎猜道,奴面不如花面好。云鬓斜簪,徒要教郎比并看。
② 《一剪梅·红藕香残玉簟秋》:红藕香残玉簟秋。轻解罗裳,独上兰舟。云中谁寄锦书来,雁字回时,月满西楼。花自飘零水自流。一种相思,两处闲愁。此情无计可消除,才下眉头,却上心头。

的思愁；偶得闲暇，李清照还会帮助丈夫辑集整理《金石录》，"装卷初就，芸签缥带，束十卷为一帙。每日晚更散，辄校勘二卷，跋题一卷"①。

可即便乐观如此，也没能逃脱命运想要你苦涩的捉弄。

公元1127年，靖康之变，金人大举南侵，将宋徽宗、宋钦宗父子二人俘走，北宋朝廷顷刻崩溃。这已不再是往日朝廷之上两党之争的小打小闹，国家动荡，家乡青州也即刻陷入风雨之中。当时的赵明诚已在江宁为官，眼见北方局势愈加紧张，尚未随行的李清照便开始着手准备南下。

李清照毕竟饱读诗书，在他人的笔下见识过无数次的家国动荡，赏读过许多过来者眼中的纷扰云烟，可这一次，是李清照第一次亲身体会到硝烟之下的风雨飘摇。

就像我们小时候常常听到的那句"等你长大了就明白了"，我们在成长的过程中总是会遇见许多难以理解的情绪。在我们无须面对众多社会压力的"高枕无忧"阶段，我们看到那些让人沉闷甚至沉重的新闻、纪事，总是会怀疑，甚至不屑一顾，认为那是我们永远不用体味的情绪。而当那些原本以为距离千里之外的"压力"骤然降临时，我们连拒绝与躲避的机会都不被给予。

一如彼时面对战火时来不及细想太多的她，这一生还未曾舍过什么了不得的东西：她的理想，赵明诚珍之重之；她的爱情，称心如意

---

① 《金石录》后序。

第八章 李清照 半生美满也逃不过的愁

到了极致;她的生活,锦衣玉食非她所好,能与珍贵的金石书画相伴便是全部的满足!

她对着这些夫妻二人辛苦收藏的宝物陷入了艰难的抉择,这些事物在长长久久的陪伴里,早就不只是些许物件那么简单,它们还凝结着自己与赵明诚爱情的点点滴滴——真想一件不落地全带走,可时局与人力不足以支撑她这样的念头。

万般无奈之下,她只能在这堆宝物中反复遴选收整:"既长物不能尽载,乃先去书之重大印本者,又去画之多幅者,又去古器之无款识者。后又去书之监本者,画之平常者,器之重大者。凡屡减去,尚载书十五车,至东海,连舻渡淮,又渡江,至建康。"①

收捡再三,将暂时无法带走的东西锁进房间后,李清照最终独自押运着十五车的典藏书籍与金石字画,一路躲避战火到达了南京。

这一路,李清照想了许多许多。在此之前,她没有太多的空闲与兴趣去思考那些统治者的言行,她生活在自己有幸拥有的极致理想与爱情里,在清贫简朴的生活中也能巧笑嫣然,她的灵动为大自然而在,为赵明诚而在,为那些旁人不能懂,但她却能与枕边人一起沉迷其间的事物而在。

可此时此刻,她人在路上,目标是爱人的方向,心却被家乡那十余间无法带走的书册古器拉扯着:临走前她又认真地清点码放了一遍,还细细地上了锁,满心期望还能有机会回来将它们完整地

---

① 《金石录》后序。

带走——虽然这一路穿越战火,让她不禁隐隐担心自己的期望会成奢望。

"十二月,金人陷青州。"①

果不其然。

早有预料的结局,却还是让李清照痛心不已,她第一次真真切切地为那些前辈诗词文赋缘于家国动荡惨遭兵燹而痛心疾首,第一次意识到这世间还有这样一种涤荡心胸的愁绪,远胜过花败香消的遗憾,远胜过思之不见的牵挂。

那些即便在叙着闲愁时也不曾从李清照的词作中脱离的清丽、明快,正渐渐从李清照的笔下抽离。也正因此,我们才得以有机会见到往后那个无人能及的李清照。或许就像我们所迷恋的那些小说与电影一样,一个让人刻骨铭心的主角的诞生,总是伴随着一份让他铭心刻骨的痛,似乎没有被生活刺痛过的人,总是很难真正成就自己人生的高峰。

所以她才能在两年后的乌江之上,书下那样后无来者的悲叹。

"生当作人杰,死亦为鬼雄。至今思项羽,不肯过江东。"

众人皆知李清照是婉约词派的词宗大家,可这首诗却异常磊落豪壮。

她思项羽,思的不是那些王侯将相间的功绩成败,而是项羽身上那股不肯委曲求全忍耻蒙羞的决绝,这份决绝在李清照的心中,不是有些人所认为的愚蠢,而是知必败也必上阵的英雄气概。

---

① 《金石录》后序。

她向往这样的英雄,她不齿朝堂上做不到这样英雄气慨的那些昏庸之士,也遗憾现实中未能从战火中救出那些珍藏的自己……

同舟的赵明诚望着眼前这个不再似往日明丽轻快的女子,心中悲切,却也无可奈何。

若是从前,李清照将这样一首诗念给他听,他定然会拍手称赞——这诗的豪放丝毫不让须眉,甚至胜过许多人一大截,其间的悲怆之情、凄迷之音,令人共情扼腕,是李清照往年笔下少有的大气磅礴之作,这无疑是她的进步。

可他知道这份进步源于何,如果这样的更上层楼是要以如此的经历作为代价,他宁愿李清照仍然是那个着眼着自然风光与离别相思的姑娘。

所有的成长都需要付出不菲的代价,李清照如此,大宋亦如此,古人总念念不忘,一切的蜕变"必先苦其心志,劳其筋骨,饿其体肤,空乏其身,增益其所不能"。大宋有重来的机会,可李清照却没能延续自己此生的幸运——让她没能想到也难以接受的是,这是她与赵明诚最后的相聚。

那日江上笔下的凄迷之音,竟是李清照写给赵明诚看的最后一篇作品。

公元1129年,接到调令赶去湖州任职的赵明诚还没到达目的地,便不幸染疾,于八月十八日病死在南京。

灵魂伴侣的辞世,于李清照而言意味着真正的失去——宝物被毁不会毁去她的记忆与爱情,只要人还在,所有的东西都能重来,一切

都还有补救的机会。可此时的李清照只能被乱世丧夫的苦痛彻底浇了个清醒。

爱情与文学理想，这是李清照前半生最为自豪的东西，极致的爱情曾催生出了她的高远理想，然而无常的世事却将她拉扯到了另一条通向凄苦晚年的路。

安葬好赵明诚后，一场大病向李清照袭来，可日益吃紧的战事不容她好好修养身体消化情绪，只能再次忍痛收捡好少量的轻便典籍仓皇逃离。

这一路虽然比起当初独自押运十五车宝物而言轻便不少，可对于李清照而言却是艰苦异常，她心中已经没有了确切的方向，家乡不再，远方也没有了伴侣的等待，就连曾经环绕身侧、难以细数的宝物也只剩下了寥寥数册书帖而已。

人在从极致跌落时，总是很难再认真重新开始，会在连番打击后的绝望中放弃自己。那些放弃的人最终都成了历史中无名无姓的粒粒尘埃。我们知道应该去做坚持下去的那个人，但真正面临这种境遇时，坚持就成了一个可望不可即的选项——所以真正获得巨大成功的人，一直以来永远都是人群中的少数。

李清照咬了咬牙，她还不允许自己向世事投降。

台州、黄岩、温州、衢州……李清照独自在浙江一带走走停停，这个时期的她就像流落在外无处可依的难民，每一天都不知道明天的自己需要处理怎样的问题，又将面临怎样的生活，总是刚刚逃离一个噩梦便又猝不及防地被推入另一个噩梦。

第八章 李清照 半生美满也逃不过的愁

每个人的人生都不可避免出现让自己觉得暗无天日的时光,在这种状态下,有的人会选择就此放弃,陷入彻底的颓靡;但有的人再苦也还会含着热切的期望,靠着对美好的信念强撑着自己继续走下去,即便暂时不知道自己的方向在哪里,也坚持等待着柳暗花明后的下一个村落。

此时的李清照就是后者,也许是早期的理想生活与爱人亲友的相处模式,一直将李清照对美好生活的热情保持得极好,所以她始终相信自己还可以回到那种惬意的人生轨道上去,对于李清照而言,那并不是什么遥不可及的梦想,而是曾经实现过,现在也应该可以实现的生活状态。

于是,在这种颠沛流离的居无定所中,48岁的李清照在公元1132年的杭州遇到了张汝舟——她在一片混沌中好不容易遇见的一道光,这位读书人出身的进士,似乎影影绰绰地合着她亡夫的影子。

突然出现的张汝舟让李清照心中重燃起一簇小火苗,长期的逃亡生活,让孤苦无依满心痛苦的她无比渴望重新拥有一个可以让自己依靠、歇脚的家,她尚且能承受这种无情的折磨,可她也无比渴望结束这种无情的折磨。

就像她敢于向众人推崇、称赞的文人们叫板一般,她骨子里那份被汴京城与赵明诚保护妥当的自信,从未在凄苦乱世中被磨尽,她一直咬牙带着这份自信在乱世中摸索着前行,就是为了重新点亮自己的那一刻。

我们总是会在最艰难最脆弱的时候相信温暖的人,尤其是在自己

已经没有什么可失去的时候，李清照或许此时也是这么想着，家乡已毁，亲朋离散，自己孑然一身地立于天地——那还有什么好怕的呢？

几番相处后，她漠视了世俗的偏见，毅然决然地选择再婚，嫁给了这位年轻的男子。

可是李清照的孤注一掷没有为她换来期望中的转机，苦尽甘来并不适用于这个可怜的女子，等待着她的甚至是一场更绵长的痛苦。

好吃懒做的张汝舟没有赵明诚的才识与气度，甚至连一个普通丈夫应有的爱意都未有分毫，他接近李清照仅仅是觊觎那些传言中的金石书画。

哪里有什么亡夫的影子，让他心动的不是李清照的才，而是她的财。

只是他没想到的是，李清照早已在之前的流离失所中失去了那些让人艳羡的宝物——她曾落脚于绍兴钟氏某家，那时便被盗尽了历经千辛万苦保存下来的金石书画。

大失所望的张汝舟在婚后的日子里时常对李清照实施家暴，满心愤懑的他甚至一次比一次下手狠重。这种野蛮之举让李清照备感受辱，她虽然经历了许久的落寞潦倒，的确已不复往日神采飞扬，但她毕竟有着曾被汴京城与赵明诚小心呵护过的傲气与自信，这份心性自她出生起便溶在血液里，不是一时的苦难就能抹灭干净的。

机缘巧合下，张汝舟营私舞弊、骗取官职的罪行被不堪受辱的李清照发现，她随即毅然向官府告发了他，并请求离婚。

可这场苦难没有因为主角的勇敢与机智及时收手，大宋法律有明

第八章 李清照 半生美满也逃不过的愁

文规定,妻告夫需要被判处两年徒刑。官府虽然在审理核查过后革除了张汝舟的官职,也准许了李清照的离婚诉求,但同时,李清照却不得不走进大宋的监狱。

这场无妄之灾让心高气傲的李清照如坠冰窖。

是她做错了吗?面对不公与非理想的生活应该忍辱吞声?是她不应该对自己的人生有着更美好的期待与规划,不应该果敢地拒绝伤害,不应该努力向自己所期待的生活靠近?

我想,只是这世事辜负了她。

亡夫后的李清照还能勇敢追求自己所憧憬的婚姻生活,这是多少女性没有勇气做到的?但李清照做到了。这本是再正常不过的人生选择,却承受了本不应该存在的异样目光与舆论压力。

被家暴后,李清照清醒地意识到君非良人,果断地选择切割,甚至铁面检举,丝毫没有对人渣手软,这又是多少人至今都难以做到的?但李清照做到了。虽然她生于大宋,但她的精神与思想却远超当时的时代。

李清照面对现实所做出的决定,直至今天都仍然是最值得我们去学习的。或许面对婚姻关系时,绝大多数的女性仍然是身处劣势的弱者,但这不妨碍我们学着去拥有坚毅的信念和一颗勇敢的心。

或许是这世界对这位凄楚的词女还保留一分怜悯,九日苦牢之后,李清照在翰林学士綦崇礼等亲友的大力营救下脱离了那暗无天日的方寸之地。这九日,李清照想了很多很多,从盛京到青州,从两情脉脉到天人两隔,她原以为那些结束不是真正的结束,一切都还有下

一个转机在等待她去发现,但现在,她真的茫然犹豫了。

一切好像真的永远定格在了当初"思项羽"的那叶扁舟上,她的勇敢,她的坚持,她的理想,那些原本属于她生命中一部分的东西,已经变成了触不可及的蜃楼梦境。

如果她生在现在,她的所有勇气与选择都太容易为她争取来一个幸福的晚年,这样的一个人,怎么不可能在人生的最后时刻活成自己理想中的样子呢?只可惜世事弄人,一个才情斐然,清醒又坚毅的灵魂,偏偏生在了那个束手束脚的时代。

"风住尘香花已尽,日晚倦梳头。物是人非事事休,欲语泪先流。闻说双溪春尚好,也拟泛轻舟。只恐双溪舴艋舟,载不动许多愁。"①

物是人非事事休,出狱后的李清照最终还是向俗世妥协了,一切都没有重来的机会,认清现实的她比从前更深刻地感受到了人间疾苦,这是悲剧但也是妙事,因为这份彻底浸没她的愁苦,让她的诗词创作进入了另一个巅峰期。

李清照虽然是一个情绪丰沛又心细敏感的人,可她曾经的生活太过理想化,连带着她的心性也不太似寻常人的状态,因此许多让她触动的事通常不太贴合平凡人的生活情致,而许多平凡人会嗟叹两句的生活遭遇,又不是李清照心中的重要之事。

比如若是普通人突然从高质量的生活跌入平凡简朴的日子,定然

---

① 《武陵春·风住尘香花已尽》。

会心生不适，难以接受。可李清照不仅没有因此暗自愤懑，反而认为在青州和赵明诚的那段日子是她此生最充实最享受的时光。

仔细想想，又有多少人能准确地捕捉到一位词女为海棠忧愁叹息的心情呢？

遇见赵明诚，那份爱情带给她的不仅仅是学识、艺术上的精进，重要的是李清照那细腻的感情终于与绝大多数人有了共鸣点，也正因此，这个时期李清照表达绵绵情意与微苦忧思的作品更让众人觉得灵动。

而更重要的影响是在失去这份爱情，并且切实意识到这是自己永远无法再重新得到的东西时，李清照感受到了从未有过的莫大苦楚。

仿佛是在印证"上帝为你关上一扇门便会为你打开另一扇窗"，与现实中的日渐凄苦恰恰相反，当她直面这满目孤寂的时候，她的词艺反而更上一层乃至登峰造极，一步步问鼎大宋词坛。此刻的她真正读透了"愁"这个情绪，它不再是往日稍纵即逝的情致之愁，也不仅是酸甜掺杂的思念之愁，而是一种被苦难压身，挣扎无望的愁。

她词里的愁，不再是她一个人的愁，而是千千万因为世事动荡失去理想与家的宋人的愁，于是，那词句间的叹息叹到了更多人的心坎里。

自此，她的词作间便只剩下了人间寒苦。

"寻寻觅觅，冷冷清清，凄凄惨惨戚戚。乍暖还寒时候，最难将息。三杯两盏淡酒，怎敌他、晚来风急！雁过也，正伤心，却是旧时相识。

满地黄花堆积。憔悴损，如今有谁堪摘？守着窗儿，独自怎生得

黑?梧桐更兼细雨,到黄昏、点点滴滴。这次第,怎一个愁字了得!"

这首《声声慢·寻寻觅觅》不仅是李清照的代表作之一,一句"凄凄惨惨戚戚"也是千百年来多少人心神伤透时最为贴切的心声。从古至今,有数不清的人经历过"寻寻觅觅,冷冷清清,凄凄惨惨戚戚"的"乍暖还寒时候",她的词就像一面清澈的镜子,照出了人们眉间心中的愁。

李清照这一生,自极致理想起,在极致的爱情中成长,又至极致凄苦中去,在71岁的时候,这位佳人终究撑着这满心载不动的愁绪,辞世长别。

这世事确实辜负了她的灵魂,可也成就了她的灵魂。曾有学者细数过,自公元一世纪开始,两千年中华大地上一共出现29位著名女作家。而在这些女作家中,只有李清照成了经典,成了自己领域中的大宗,成为了代表人物。

艺术一定是要与人引起共鸣的时候,才能被人们捕捉到其中耐人寻味的意趣,才会值得反复咀嚼,真正体现出它不同寻常的价值。这份略显残酷的共鸣,却仿佛时刻引导着李清照穿越时空,以词疗愈我们。

不可否认的是,这样直击灵魂深处的她,才是真正担得起"词宗"的名号。

第九章 林徽因做最绚烂的女主角

当梁思成乘着晨光走进这间病房的时候,床上的人已经彻底没有了呼吸。凌晨时,这位被重症纠缠折磨的病人还曾试图与他对话,却被护士以好好休养的理由劝下。

未承想,这一夜深眠便将床上这人的生命定在了1955年4月1日的清晨。

他望着这张祥和、平静,却又异常冰冷消瘦的脸庞,悲从中来。他们曾携手一段绚烂的时光,几乎所有人都艳羡这对金童玉女的结合。可当生命的终点骤然降临时,那些往日的瑰丽却只能霎时褪去所有幸福的色彩,只空余下一段苍白冰冷的终局给未亡人。

被拉扯的童年

壹

林徽因这一生,实在太过绚烂,绚烂到令许多人羡慕,却也令不少人鄙夷不屑。这些不齿于她的人,大多是瞧不起她此生花边新闻太盛:她的身边总聚集着众多才子,标挂着绵绵不绝的绯闻;她们大抵也看不上她的才情,心中愤愤,自认为她那些名号不过全是作秀般炒作的虚名。

可欣赏她的女人们,却无一例外地梦想着要复刻她的绚烂,再不济,也想要做一名如她一般事业爱情双丰收的女子。

谁不曾幻想着当一回浪漫的绝对女主呢?

不论轻视也好,欣赏也罢,不可否认的是林徽因这一生确实太过完美,完美得就像一个童话,将几乎所有的女性都比得如此平凡。

她模样佳,家境好,博闻广识又做得来学问,即便已柔情蜜意地爱上了良人,这一身难能所见的优秀仍然长久地散发着魅力,引得那个年代的才子纷纷甘愿拜倒在她的光彩之下。胡适、沈从文、徐志

第九章 林徽因 做最绚烂的女主角

摩、金岳霖、萧乾……这些人或单纯地欣赏才情，或炽热地奉献自己的爱慕，甚至言行如一地此生不复再对他人动情——这些优质的男士毫不避讳地对她"臣服"。

我们在生活中总惯于以一个人的谈吐与举止判断对方的家境，这自然不会是无稽之谈，尤其是在严谨如斯的公司面试之时，言行谈吐始终是评判一个人的重要参考维度。因此许多人学会了在这方面遮掩自己，努力让"不够格"的自己可以配得上周遭人的期待。但这样的遮掩往往持续不了太久，苦苦的支撑往往在时间与接触之人的量变下便会发生"质变"。

因而，能让这么多才情过人、见多识广的男士对她念念不忘，她又怎么会是个徒有虚名的女子呢？

正如每一个让人难忘的女主角都不可缺少被狠狠折磨一遭的前戏，林徽因也没能逃开这一微苦的开局。

她在1904年的初夏出生于浙江杭州的一个优渥家庭，父亲林长民与不少当时的名士是结交好友，诸如梁启超、徐志摩、胡适之辈，皆为那个时代的顶尖名人，毕业于早稻田大学的他还曾任职北洋政府，官至司法总长。

所谓"谈笑有鸿儒，往来无白丁"，父亲如此优质的自身实力与社交构成，林徽因拿到手的本应是一个完美开局——如果不是偏偏摊上了何雪媛那样一位生母。

以侧室身份嫁入林家的何雪媛，家境平凡且思想守旧，骨子里总时时刻刻地透着股迂腐的黏湿潮气，目不识丁又急躁任性，与林长民

父女俩俨然是两个世界的人。她为林长民生下了最得他宠爱的长女林徽因，却只能眼瞅着婆婆游氏将林徽因带走，日日领在身侧，而自己始终难近女儿的身——游氏只怕这不谙世事的小姑娘被何雪媛影响了心性。

在何雪媛接连又生下的一男一女全都不幸夭折后，林长民续娶了一位性情乖巧的上海女子，体贴温和的她一连为林家生了好几个儿子，毫无疑问地赢得了丈夫与婆婆的全部宠爱，而何雪媛却只能在前屋传来的其乐融融中，日日苦守着清冷僻静、无人忆起的后院。

变故发生在林徽因7岁那年，游氏的突然离世让这对母女之间终于没有了屏障，可林徽因没想到的是，连丧两子的苦痛与常年被家庭成员冷落的怅然、委屈，让那个任性的妇女满腹怨怼。她被困在一个无法破局又终日望不到头的恶性循环里，而唯一的排解方式，就是将这些情绪一股脑儿倾泻在自己的亲生女儿身上。

虽然不愿意相信，但这样的母亲似乎并不难见到，或许准确来说，并不局限于母亲这一群体，有一部分父母，总是学不会将自己个人的生活、情绪和孩子的成长分割开来。他们会将自己的痛苦与愤怒转嫁到自己的孩子身上，甚至更有甚者将之变为肉体的惩戒。一番发泄过后，父母的不快确实得到了纾解，可给孩子造成的影响与伤害，却往往会是他们一生的心结。

不幸中的万幸，林徽因虽有这样一个生母陪伴成长，但她还有一个对她温柔体贴的父亲。

生来敏感心细又一向孝顺的林徽因，在父亲对自己的温柔宠爱与对母亲的冷淡之间辗转两难，不得不在这样一个传统却又异常病态的一夫多妻家庭下，默默承受着精神拉扯下的折磨与苦楚。

这让她渐渐生出了远过于常人的自尊心性，拥有着同龄人少有的早熟与焦虑，甚至连庶出的身份都成了她心中某道无法逾越的痛——林徽因一时分不清、辨不明母亲"无能却又爱多管闲事"的根源何在，她只记得母亲的身份与家庭际遇是困住她的枷锁。

林徽因好友费慰梅曾说，林徽因就没有童年，因为她生活的家庭太复杂了。复杂到林徽因自己都对那段时光讳莫如深。

而这段被大家纷纷猜测为"痛苦"的童年经历，似乎也在林徽因往后的情感抉择里占据着不小的影响力。

由内而外的富养

好在林徽因的生母虽地位甚微，但父亲林长民却极宠爱这位长女，在对林徽因的生养教育上，林长民没有丝毫的懈怠与吝啬，于是，你几乎可以在这位被富养的女孩身上看到所有名媛所应该具备的品质。

仪态优雅，满腹诗书，不仅传统的山水书画可以拿捏到位，就连外文、钢琴这样的"洋玩意"也不在话下，还有那一定要有的女子名校，让人看了心生欢喜的样貌……

凡此种种，既是名媛，自然是一个女子所应具备的一切美好都汇聚在一起才对得起这样的身份。

以如今来说，任何一位对自己有要求的普通女生都可以，或者说，都应该会要求自己多多少少也做到如此这般。可在民国时期，能支撑得起这样的"富养"，显然是要有些家底才经得起这么多种捯饬，因此那时的名媛们各个都不是寻常丫头，那都是高傲的鹤。

第九章 林徽因 做最绚烂的女主角

可偏偏，林徽因就是被放到这样一群各自骄傲的鹤里，也是那最亮眼的一位。

1920年时，林徽因随父亲林长民游历欧洲——一味地在方寸之地里接受照本宣科的教育，自然是难以真正培养出什么灵气，林长民便将林徽因带在身边想让她多涨涨见识。

没想到这一趟出门，便让16岁的林徽因将自己懵懂的真心交代了个干净。

住在伦敦的时候，房东是一位优雅善谈的女建筑师，林徽因在与她的交流中，竟渐渐被建筑学的魅力所吸引。借助着女建筑师生动的描述，林徽因甚至开始在脑海中幻想着各式严密却又独具活力的建筑设计，越想越入迷的林徽因，几乎没有丝毫犹豫地就此向父亲告知了自己意欲攻读建筑学的志向。

在与女儿的相处中，林长民一直以来都是极度开明包容的姿态，他并非毫不上心地一味纵容，而是习惯于以平辈的身份与林徽因交流想法。于他而言，对女儿的教育固然重要，但面对自己这一位天资聪颖的天才女儿，更重要的是先赢得她的友谊。

直到现在也是如此，太过于遵循辈分规矩的家庭总是很难教导出精神足够独立、思想足够活跃的孩子。在我自己与孩子相处的过程中，我也时刻拿捏着分寸，学着做一位开明、随和，被孩子当做朋友信任的母亲——相比于依仗长辈身份对一个柔弱的孩子施展权力与威严，让她不敢怒也不敢言，我更愿意可以轻松从孩子那里听到她的心声，哪怕这其中会有些吐槽我的碎碎念。

也正是林长民愿意这样主动放低天伦辈分，坚持先与女儿做朋友，使得林徽因自小便极具中国传统女性身上所稀缺的现代气质与独立精神。这在彼时的民国，无疑是珍宝一般的存在。一个独立又自信的孩子，自然更容易收获众人的喜爱，这也正是林徽因日后得以从一众名媛中脱颖而出的核心魅力。

不仅人生的专业志向没有遭遇任何反对，林徽因少女情怀的第一次芳心萌动，也没有受到太多的阻碍——即便这一次的心动在诸多世人的眼中似乎并不那么光明磊落。

在游历欧洲的日子里，林徽因结识了正在欧洲留学的徐志摩。那时的徐志摩，不仅是林徽因父亲的弟子，还是一位拥有一个两岁孩子的已婚父亲。

可是感情这件事，在发生的那一刻从来都没有什么道理可言。

不仅是林徽因芳心初萌，徐志摩也深深地被林徽因吸引住了。徐志摩在十年后的《猛虎集序》中诚恳地承认道，在24岁以前，自己与诗"完全没有相干"。而林徽因的出现，让他在自觉单调的时日里如获至宝，她仿佛是他的缪斯①，瞬间激发了他创作新诗的欲望与灵感，在彼此接触的那段时间，他为林徽因写下了许多的情诗，甚至在往后的两三年里，多次与林徽因共同组织新月社活动，一起演戏，一同担任泰戈尔访华期间的翻译。

林父将这一切看在眼里，可他也看懂了林徽因的心，便没有多说

---

① 灵感女神。

什么，默许了他们的相处。

而林徽因呢，她本就是心向文艺的才女，那些炽热的新诗虽然让她心烫，却也不可避免地让她略感惆怅。

她自然也是被徐志摩深深地吸引着，可这段感情之间却存在着许多的桎梏，不仅仅是传统道德认知上的不可说，更触发了她童年经历对她的那股拉扯。父亲的无言与少女情窦的悸动，无形中冲淡了她对传统规则上的考量，但她自童年起的心结，除了自己没有任何人可以帮她解开。

徐志摩的家庭与身份让林徽因在异国他乡不可避免地想起了自己的母亲，那个可怜又叫人感到可恨的女人。虽然林徽因认为自己在感情与家庭里并不会是母亲那般歇斯底里的样子，也相信徐志摩不会让自己受那般冷落，可她自幼时起便强于旁人的自尊心，终究是让她难以向一份存有疙瘩的感情交付全部的身心。

当徐志摩与发妻走完离婚程序时，林徽因已经从那片梦幻却难消不安的情感漩涡中毅然走了出来。

实际上，我们很难去准确地理解林长民身为一位父亲为何在这件事中选择沉默，任其发展，但若仔细考量林父一直以来对林徽因采取的家教方式，似乎又确实该是这样一位父亲为自己女儿所做出的选择。

没有长辈的催促或试探，加之自己本就习惯于独立思考、决策与自己相关的任何大小事宜，林徽因得以在这次的纠葛中及时冷静下来，并认真审视自己的爱情观与情感需求。

她自然是向往浪漫爱情与炽热承诺的，可她更想能在相伴之人心

中确保自己的真实价值——这也正是她区别于众多名媛的另一魅力所在，再优雅的少女在第一次动心时都是容易陷入冲动陷阱的傻瓜，可林徽因却能在热烈之余及时冷却自己，用理性的思维做出最忠于自己本心的抉择。

在多年后与自己儿女的闲聊中，林徽因有坦露道："徐志摩当初爱的并不是真正的我，而是他用诗人的浪漫情绪想象出来的林徽因，而事实上我并不是那样的人。"

不仅惊讶于林徽因如此清醒又残忍的认知，我也不得不佩服林父的选择——无论林父是有意为之还是无心之举，至少林父基于对女儿的信任给予了她最大限度的尊重与选择权。这区别于任意一位有能力的父亲可以做到的物质上的富养，是一种难能可贵的从女儿内心出发的精神上的"富养"。

正是这种由内而外的富养，让林徽因身上独立女性的气质如此鲜明，独具锋芒，这也是她于鹤群中脱颖而出的资本，也是她此后坚定地忠于自己的能量来源。

婚姻与事业的有效权衡

一位被众多追逐者环绕追逐、才貌双全的女子,如若她所面对的每一位追逐者都可圈可点、才名冠世,甚至热衷于炽烈地表达自己绝对的痴心,而被包围的女子又时常困于情绪的漩涡,不得不在两难的境遇中举棋迟疑,那这位女子最终究竟会做出怎样的选择呢?

这样的情节似乎总显得太不真实,生活中要将这些优秀到举世闻名的人与狗血的桥段拼凑在同一个故事里,实在是太难了。这样的组合仿佛是一段令人恍惚的绝美言情小说,可偏偏,林徽因生来就是那位一直将生活过成小说的女主角。

1924年的6月,林徽因如愿赴美攻读自己心心念念的建筑学,同行的是她在往后的岁月中将日夜相对的梁思成。

她与梁思成相识、相恋,最终步入婚姻殿堂,这既是彼时忠于自我的双向选择,也是遵从父母之命的秦晋之好,可以说切实是一次两相美满的结合。但对于林徽因而言,又似乎显得过于平淡——这段爱

情看来既不似与初恋徐志摩那般滚烫纠结,也不似与金岳霖那般隐秘踌躇。

不知道大家在自己的感情中是否也遇到过让自己犹豫不决的时刻,但有一个经典问题一定困住过许多人:感情世界里,你是会选择爱你的人,还是你爱的人?

我也曾认真地思考过这个问题,起初我总不屑于这样的为难,为什么一生一次的选择,我不可以和那个我最爱的同时也最爱我的人共度余生,为什么明明可以没有冲突的选择,一定要放在矛盾的对立面让我作出取舍。

可现实往往会将我的坚定击穿,没有谁可以绝对完美地规划自己的人生轨迹,尤其是感情。有太多不可控或者不可抗力的因素会影响到它的走向,一时的赌气冲动可能便会将人推向无法回头的背向之路,而义无反顾的坚持往往也会伴随着不可避免的牺牲。

我就曾在赌气中将那份双向的契合推离了我的世界,最终选择与爱我的人共同面对这个温柔的世界。说从来没有感到过遗憾是假的。当然没有人会希望在这样的问题上做抉择,可是当我们在感情路上不得不做出决定时,很难有人可以看穿自己哪一个火花般的念头便是一段感情的岔路口——于是太多的选择与决定都变得异常煎熬。

或许是明白选择难做,当林徽因做出自己婚姻的选择时,就连被选择的梁思成本人都无法确认自己是胜出在哪里。他清楚林徽因与徐志摩的相遇相识,他也明白二人的心意相通,他自然是没有办法写出徐志摩那般的炽烈诗文——哪怕他对林徽因的爱意并不比那位诗人少。

第九章 林徽因做最绚烂的女主角

可林徽因选择了梁思成，这个决定并不拖沓缠绵，甚至急匆匆与自己发妻分别后便赶来与林徽因相见的徐志摩，也没有让林徽因感到过些许为难。大概是林徽因的果断、干脆让人意外，梁思成欣喜之余又有着满心的不确定：为什么是自己？

他曾经在婚前既犹豫又期待地向林徽因询问过这个问题，可林徽因只是笑着告诉他，这个问题她会用一生来回答。

林徽因也确实身体力行地认真给出了林徽因式的答复，这答案一答，便是27年。

与梁思成成婚后的林徽因，有着独属于他们二人间的情感默契，夫妻俩在建筑事业上的热爱在婚后被激发到了极致。你或许可以如冰心一般质疑林徽因作风不检，翻着那篇《我们太太的客厅》对她的种种交际嗤之以鼻；你也可以不接受她因才女多情，便大方欠下那堆游离于俗世道德的桃花债，但你实在难以对她与梁思成共同为建筑事业努力的决心置喙一二。

而她的这份决心巩固于梁氏父子。

当年与梁思成在异国求学时，林徽因的父亲意外去世。父亲在过去的岁月中始终是她最亲近最信任的长辈，在生母一直以来顽固至极的折磨下，父亲对她的宠爱一直疗愈着她的心神，就连自己对研学建筑的理想，也是父亲给予的信任与鼓励。

痛失至亲的林徽因此时此刻需要面临的不仅仅是情感与心灵上的煎熬，还有非常现实的生活问题与未来规划在等待着她解决。她突然间没有了继续求学的经济来源，独自艰难地在回国谋生与异国打工这

两种选择中徘徊。

梁思成的父亲梁启超得知林徽因的困境后，在写给梁思成的家书中嘱咐道，林徽因的学业不能被影响耽误，应该和梁思成同期归国。随后他主动提出承担林徽因的学费，并特意直接写信给她："度过苦境，鼓起勇气，替中国艺术界有点贡献。"

梁启超不同于普通父亲对待自己中意的儿媳妇的态度，他会如慈父对待亲女儿一般，不仅仅给予儿媳妇应有的待遇，还会关注她的责任感与事业心，甚至怀着舐犊之情给予一定的人生指导。

这股育人育德的师者之心，终归要学识非凡的人才能具备，远不是富甲一方、专攻商道的"硖石皇帝"徐父可以体贴到的。

不得不说，她爱得很聪明，她明白婚姻这件事不是简单地选择一个同床共枕相伴一生的人，而是认准伴侣的同时选择一个可以长久栖息、和气同心的家庭。

记忆中那些生母的怨愤一直以来都在强化她对自己庶出身份的介意。因此她满含顾虑，一位半道续娶的妻子在一个家庭中的意义怎么也不可能比过青梅竹马的发妻。她也比谁都明白，家人之间精神世界不对等的婚姻有多么折磨人，闻名遐迩的实业家徐申如，怎么也难以明白、理解自己对建筑艺术的心思与追求。

而对于徐志摩，她自然曾经眷恋过诗人的浪漫与情衷，可她也清楚徐志摩爱的不是真实的自己，这种认知让她更加无法允许自己对他交付整个人生，她太害怕将自己推入一场只能依靠爱意保鲜的未知中。

爱情固然重要，但一个人的人生从来不能只靠爱情而活，婚姻的

第九章 林徽因做最绚烂的女主角

选择在林徽因眼里不是爱与不爱这么简单的选择题，而是一个需要与长久的生活相提并论的讨论题。

梁思成后来在向他人谈到自己为何选择建筑学时说道："她（林徽因）谈到以后要学建筑。我当时连建筑学是什么还不知道，徽因告诉我，那是集艺术和工程技术为一体的一门学科。因为我喜爱绘画，所以我也选择了建筑学专业。"

梁思成能想到此，能做到此，这对于林徽因而言比一句"嫁给我吧"的求婚还要触及灵魂。于梁思成而言，专业方向几乎是他整个人生的第一个重要决定，在做这个决定时，梁思成认真地将林徽因考虑了进去，将自己往后的人生轨迹真正地与林徽因"绑定"在了一起，这种分量的信任与看重，是林徽因无法抗拒的真心，也是可以让林徽因想象到细节的人生未来。

梁氏父子都在以人生为前提重视着林徽因。

于是，林徽因在恰当的时机做出了自认为最正确的选择——一个名声显赫、书香同流的家庭，一位心意相通、事业相扶的爱人。她不仅为自己找到了余生的心灵归宿，还为自己找到了一个同甘共苦的最佳拍档。

现在社会的离婚率一年比一年攀高，甚至许多男女在自认为找到了灵魂伴侣后便迫不及待地闪婚，情真意切地许下承诺后，却往往不足一年便分道扬镳。这往往便是败在如海潮般急涨猛退的情感冲动下——这股炽烈的冲动太容易蒙蔽我们的眼睛，阻挡我们审视未来的视线。

可林徽因偏偏在这种冲动下仍然能保持一份面对人生的理智,这份理智上次帮她拒绝了徐志摩,这次为她守住了梁思成。自然而然的,这种情感心绪与事业步调上的合拍,恰巧弥补了爱情需要保鲜的苦恼,门当户对的成功婚姻也让林徽因摆脱了心底里缠绵多年的庶出阴影。

自1930年起,林徽因与梁思成二人展开了长达十五年的"事业蜜月",他们携手走过了中国15个省近两百多个县,一路上考察测绘了两百多处古建筑物,诸如河北赵州桥、山西应县木塔、五台山佛光寺等等。许多在历史中蒙尘,已埋没在荒野的国宝级古建筑,都通过林徽因夫妇的调查和实测工作,得到了世界的认可,并从此获得应有的保护。

这些事情,是林徽因想做且一定要去做的,而茫茫人海中,林徽因只寻见了那一个可以与她看向同一个地方的人。

于是,这个选择做下了,便再也不需要更改。

也许是受了乱世战火的荼毒,也或许是林徽因太过严苛的自我审查,这位连胡适都称誉为"中国一代才女"的女子,虽是自小学习诗书字画,但她存世的字画手稿却极其少量。但即便如此,她所剩的能切实罗列出来的才学实绩,仍然让她得以配得上这一声称赞。

比如在参与天安门人民英雄纪念碑设计的过程中,她通过现代科学的方法研究中国古建筑,成为了这一学术领域的开拓者,不仅为往后自己的学术成就铺就了红毯,还为中国古建筑研究奠定了极其坚实的科学基础。

第九章 林徽因 做最绚烂的女主角

还比如中华人民共和国国徽深化方案设计者的身份,甚至传统景泰蓝改造者的经历,所有这些成就都让她在众多名媛中看起来有那么些与众不同——你说她合该文雅自矜,可她偏偏一直都没停下"大刀阔斧"的建筑前线研学。婚后的她不像是在幸福生活中吟诗作对、端坐享福的阔太,更像是一位秉剑直行的艺术布道者。

我们想起林徽因时总是不自觉地将目光放在她的情感经历上,这似乎已经是现代人了解名人时的"惯性"思维——热搜榜上永远是名人的八卦更能引起大家的关注。因此,我们熟悉她的每一段感情经历,熟悉她众多学者聚集往来的客厅集会,熟悉她作为名媛所享受的一切福气,甚至了解她的才情,却似乎总是忽略了她性子中不输须眉的那股刚烈坚毅。

1953年的夏天,林徽因曾在一次欧美同学会的聚餐上指着负责北京城建的副市长吴晗痛心谴责,那时她早已经被严重的肺病折磨得心神俱疲,可她即便咽喉破音也要声嘶力竭地据理力争。待拉扯到北京市委前辩论时,面对市委领导她义愤填膺地哭斥道:"你们拆的是具有八百年历史的真古董!将来,你们迟早会后悔,那个时候你们要盖的就是假古董!"

林徽因在与建筑相关的科研工作上永远是锋芒毕露的,干脆利落、不留余地的行事作风源自她心底里对建筑艺术的坚守。她的怒与骂,只因为她在这条路上太受得苦了。

在1930年到1945年的那十五年间,林徽因与梁思成的"事业蜜月"并不似现在轻松惬意的自驾游,这十五年只有异常的艰辛。曾有

友人回忆这对夫妇的经历时,叹道:"梁公总是身先士卒,吃苦耐劳,什么地方有危险,他总是自己先上去。这种勇敢精神已经感人至深,更可贵的是林先生,看上去那么弱不禁风的女子,但是爬梁上柱,凡是男子能爬上去的地方,她就准能上得去。"

在这一程的人生经营里,她显然付出了远远超过一位文雅女子的刻苦与努力,也因此更为深刻地感受到了那些沉淀着历史的建筑有着何等傲人风姿,于是从此再没有什么身份与面子可以毁坏她心中对这门艺术的坚持。

也因为这份魄力,即便自己一家曾受苦于日军的轰炸,三弟林恒甚至在抗日战争中阵亡,可当时任清华大学建筑系教授的她受美军邀请时,仍然会认真地在奈良地图上标出著名文化古迹的位置,让奈良的古建筑幸免于难。

试问有多少人可以在世俗权贵与家国仇恨面前,仍然苦苦坚守着一颗崇高的艺术之心呢?或许我自己也很难给出肯定的答案,我既没有受过如她所历一般的艰辛,也没有为自己树立如"替中国艺术界有点贡献"般崇高的理想,但我仍然能从她的坚持里看到她在建筑艺术上钢铁般的坚毅。

可就在你逐渐以为她只能在尘土飞扬中高谈阔论、甚至亲自操刀这种建筑技术时,她转手又能为你献上诸多诗歌、小说、散文、剧本和译文,用细腻的文字写下《你是人间的四月天》。

或许正因为林徽因身上同时存在着文学艺术者的细腻敏锐与建筑研究者的坚毅固执,所以她才能在中国建筑学中留下独属于自己的痕迹。林徽因的建筑学研究有着极其强烈的个人风格，她始终认为建筑史的研究与相关朝代的思想、精神、生活息息相关，甚至细致到当朝当代人们的衣着与气质。

也难怪楼庆西教授会评价林徽因是"用诗人的心灵与艺术家的眼睛去欣赏去研究这些艺术"。

我曾不知在何处看到过这样一句评语：这世上有太多比林徽因漂亮的女子，然而没有几个可以像她这般有才，比她有才的女子又不如她这般漂亮。

竟是如此恰如其分地点出了林徽因立于鹤群也必然闪耀的原因。

为了这份独一无二的闪耀，林徽因在肺病相逼、生活艰难的时刻，仍然没有停下手中的笔，她长卧病榻之时还在通读《二十四史》中所有建筑相关的部分，全力为《中国建筑史》筑基。

一如她女儿梁再冰所说："现在的人提到林徽因，不是把她看成美女就是把她看成才女。实际上我认为她更主要的是一位非常有社会责任感的建筑学家。她和我父亲梁思成是长期的合作者，这种合作基于他们共同的理念，和他们对这个事业的献身精神。"

常理来看，女人总是感性更甚，不善理科，可偏偏林徽因是个例外，她既能在感性中孕育诗文，又能在理性中攻克建筑与工程上的空间难题，甚至能融会贯通，将感性的思维贴合到理性的逻辑中，助她在建筑学独树一帜。

这融洽的双面统一也一如林徽因的性情。她显然摆不脱那些迷离朦胧的爱恋过往，而这类被世间的一切所宠爱的人，在我看来往往会

免不了性情娇蛮——甚至当我们只聚焦她的情事时似乎也不可避免会对她给出这样的评价——可偏偏,她不仅于此,她还有一腔让人刮目的大气与少有人及的对苦难的忍耐力。

若我们挣脱了那些绯闻往事,认真审视她在建筑史上的足迹时,我们看到的是属于一位学者最坚毅又虔诚的苦心。

当年的徐志摩爱上的是他想象中的林徽因,而俗世中的我们又何尝认真琢磨过这位享得福也受得苦的"双面体"呢?

或许,当我们不再用想象框住一个灵魂时,我们才能真正读懂一个灵魂的绚烂。

第十章 吕碧城 独立女性的标杆

中国第一位女性撰稿人、中国新闻史上第一位女编辑、中国近代教育史上第一位女校长、中国史上第一位担任总统府机要秘书职位的女子、中国第一位动物保护主义者……

这并不是一群人的头衔,而是一个人此生赢得的所有美誉。一个人的一生,能在史书上留下一个"第一人"的痕迹便已十分了得,可偏偏就是有人要做这世间的奇女子,不仅能鹤立鸡群,即便是将她丢进任一品质不凡的鹤群中,她也能稳稳地成为拥有最佳气场的存在。

这位鹤中之后,便是中国女权运动及女子教育的先驱者,也是"民国四大才女"中的奇女子,吕碧城。

想独立,先独身心

鲁迅先生曾做过一个著名的演讲——娜拉走后怎样。

娜拉是经典社会问题剧《玩偶之家》的主人公,一场家庭变故后,她深切地意识到了自己在这个家中不过只是一个"玩偶",于是面对已被自己看清真实面目的丈夫庄严地宣称:"我是一个人,跟你一样的一个人,至少我要学做一个人。"

作者易卜生却将在家庭关系中觉醒的娜拉的结局,设定在了摔门而去的一瞬间。虽然这个故事在当时引起了一场妇女解放的风暴,成为了妇女解放运动的宣言书。可易卜生并没有在文中给出娜拉走后的结果,甚至在被问起时,他只是轻描淡写地带过了这一疑问的重要现实意义。

于是,鲁迅便提出了这一世纪命题,并在这场演讲中给出了彼时现实环境下的唯二结局:堕落,或是回来。

这并不是什么轻蔑之辞,也不是什么刻意偏见,鲁迅只是敏锐地察觉到了这项选择在现实社会的意义与走向：在一个女性极难实现经济独立的时代，任何多余的事情都是无谓空想，"出走便是独立"不过是一场不切实际的梦境。

"自由固不是钱所能买到的，但能够为钱而卖掉"，鲁迅认为，只有当妇女真正掌握了经济大权，突破小家庭的圈限，切实参与到了社会生活中，不再把婚姻当做女性唯一的职业，才能实现真正意义上的"自由"与"解放"。

对于那些没有赚钱能力的女性——或者说，是那些没有被社会给予赚钱机会与资格的女性——似乎一旦离开家庭的庇护，只身走入社会的结局便只有"堕落"与"回去"这两种选择了。

然而令人振奋的是，早在二十年前，便已有一位奇女子在身无分文的情况下走出了第三条路。从鲁迅那场演讲往前倒推二十年，年方二十的吕碧城正毅然决然地逃出家门，决意只身闯荡天津。

她原本不必受如此之苦，可命运总是吝于予人圆满。明明出身官宦之家，却因家中没有儿子，违背了封建礼教下的家产继承"规矩"，在父亲离世后，便被家族成员迫不及待地剥夺了母女五人继承祖产的权力。

母亲匆匆离开京城回乡处理，却被那群人面兽心的亲属计划着要唆使匪徒来抢劫她。这让在京城听到风声的吕碧城焦急异常，赶忙四处告援，给父亲的学生与朋友们写信求助，终于在多方帮助下圆满解决了这场荒唐闹剧。

但这也让孩童时期便与吕碧城有婚约的同邑汪氏心生疑虑，起了

戒心：这小娘子也不过13岁左右的年龄，为何便已有呼风唤雨般的能力？

诸如这类习惯了大男子主义的男性，似乎总是会突然地不自信，尤其是在封建思想笼罩的时代。这种对女性力量如临大敌的敏感，从那口口相传的"女子无才便是德"就能瞧出端倪。这句老话不仅仅体现了封建社会对女性群体的歧视，还赤裸裸地炫耀着父权制文化对男女两性的双标态度。

将女性的"德"与"无才"画上等号，无疑是一种巩固男权中心主义统治地位的政治手段，他们以"德"为由剥夺了女性受教育、长思想的权利，强行将她们置于无知愚昧之中，刻意造成了中国女性上千年来"女憧憧，妇空空"的状态。

当一个女孩表现出了"才"的实力，古旧的男性便摇着头，连夜将自己的退婚要求提上日程。

吕家本就孤女寡母不爱争执，眼下又新送别了至亲，刚处理完家族亲戚的黑手，自然更不愿在烦心事上多做纠缠，便应下了男方的退婚。可在当时，女子被退婚是奇耻大辱，吕碧城虽然不是思想传统的旧女性，但也无法完全忽略这份委屈，也正因此，往后数年间她对婚姻的心态都受到了不小的影响。

出于无奈，母亲只能带着吕氏四姐妹投奔在塘沽任盐课司大使的兄弟严凤笙，就此过了几年平淡日子后，受清末女权主义思潮的影响，吕碧城产生了去天津"探访女学"的心思，却遭到了舅父以"恪

第十章 吕碧城 独立女性的标杆

守妇道"为由的阻止训骂。

愤然之下,便有了在20岁的年纪逃出家门的吕碧城。

虽然离家的想法正确无悔,但离家的决定毕竟冲动,当激动与兴奋渐渐消退时,现实的问题便冰冷冷地铺陈在了吕碧城的面前:两手空空的她身无分文,连买下一张车票的钱都没有。

逃票上车的吕碧城虽然知道这趟车开向天津,可自己却在情绪降温的时刻瞬间没了方向与主意。她的确比同龄人成熟许多,那灵魂中不容忽视的独立性甚至会让未婚夫望而却步,可她毕竟还是在母亲与姊妹们的关怀中长大的姑娘,从未真正如吹散的浮萍一般独自游弋,无依无靠地面对不曾亲临的未知世界。

我也曾独自离家,前往一个全然陌生的城市探索自己理想中的独立生活。一切独立的起点都在拿到入职合同的那一刻,离开从小依赖的家庭后,在外的安全感绝大部分都源自稳定的工作。或许正如鲁迅所表达的,自由的第一步便是实现经济独立,只有"身"先独立了,才有机会将"心"的独立具象到现实生活中。

而此时此刻吕碧城"心"的独立,却还没有"身"的独立来稳稳地托举。

吕碧城是聪明的,她自然明白自己所追寻的自由与独立需要什么来支撑,但现在的她除了一颗强大的心脏与坚韧的思想,一无所有。迷雾中前行时,保持对目标追寻的决心和勇气便是推动她前行的最大动力。

好在机会愿意光顾做足了准备的人，就在吕碧城蜷缩在车座上一筹莫展之时，恰巧同车的天津佛照楼①老板娘向她伸出了友善的手。这位好心的女人一眼便看出了吕碧城的窘境，在她的温柔宽慰下，吕碧城渐渐卸下防备，放下了远不该这般年龄需要维持的坚强。少女荒唐的遭遇让老板娘十分同情，当下便为吕碧城补上了车票，还在抵达天津后将她带回了自己的家中安顿。

吕碧城明白，自己如果离家后也仍旧依赖于受人照拂，便永远不可能真正地独立。多方打听后，吕碧城马上在天津寻找到了明确的方向，满怀期望地写下了一封长信。

彼时的她未承想到，这一封信，将会把她推上一条无人行过的路，而她，将为新中国的所有女性的思想觉悟，开辟出前所未有的新高度。

---

① 位于天津市和平区哈尔滨道48号（原哈尔滨道50号），是一座百年历史的民用建筑。建于1880年左右，这里原先是佛照楼旅馆，曾住过不少伟人。解放后旅馆成为民宅，但人们仍习惯叫它佛照楼。

创造诸多历史的"第一人"

当吕碧城得知舅父身边方秘书的夫人住在《大公报》报馆中时，便立马提笔给方太太写了封长信说明自己的处境与理想。无巧不成书，承载着少女坚毅理想的长信恰好被《大公报》总经理英敛之看到，吕碧城信中的文采令在此行业沉浸多年的英敛之也不禁连连称赞。

偶然间，英敛之又得知吕碧城的姐姐是自己曾一早便认识的才女吕美荪，欣喜之余，他又特意亲自前往佛照楼探望这位文采斐然的少女。二人相见后相谈甚欢，英敛之尤其欣赏吕碧城在此前种种际遇下所展现出的胆识，当即便向她发出邀请，聘请她为《大公报》的见习编辑，并承诺为她提供在报馆内的住宿。

对于吕碧城而言，这是她人生中最具有决定性意义的机会——靠自身的才华得来的赏识，不仅帮助她寻得了工作着落，还得以拥有一个条件不错的栖身之地。

而所有这一切，都是靠她自己的能力获取，虽不比之前佛照楼好

心的照拂，但她真正踏上了彼时离家女性在"堕落"与"回来"以外的第三条路——独立自主的女性人生路。

所有的机会，都像人生游戏中随机掉落的彩蛋，你知道它们一定被投放在你人生中的某些时刻，但在踩中它们之前，你却始终没有办法判断它们身处何时、何方。你无法特意为遇见它们做好准备——除非你人生中的每一刻都在准备之中。

机遇到来时，只有能在心里笑着说出"等候多时"的人，才能享受这场人生游戏的极致乐趣。

显然，吕碧城便是这位等候多时的人生玩家。

她在过去的时间里做出的每一次选择，都在打造她不同于别人的轨迹，都在为随后那些名为"贵人"的彩蛋做准备。如若她不曾心有所念便付诸行动，不曾对自己的目标如此坚定，她或许便是鲁迅口中那些终将"堕落"与"回来"的女子。

吕碧城成为《大公报》见习编辑的意义不仅仅在于她终于开启了自己的独立生活，这同样也是《大公报》乃至中国史上第一位女编辑，是中国史上的第一位女性撰稿人，开创了中国新闻界的先河。

而她的表现也对得起自己史无前例的位置。在受聘不久后，吕碧城在《大公报》发表了一系列重格律、显文采的诗词作品，由于其间的眼界与胸襟是有别于往常女性文学作品的开阔程度，赢得了大量的赞誉之声，许多文坛名流纷纷应和，甚至亲自登门拜访。

不过仅仅数月，吕碧城在《大公报》报端接连撰写多篇介绍女性解放与宣传女子教育的文章，诸如《敬告中国女同胞》《兴女权贵有坚忍之志》《论提倡女学之宗旨》等文，都以独具风格的犀利文字为女性平权发声：

"中国自嬴秦立专制之政，行愚民黔首之术，但以民为供其奴隶之用，孰知竟造成萎靡不振之国，转而受异族之压制，且国事岌岌存亡莫保……而男之于女也，复行专制之权、愚弱之术，但以女为供其玩弄之具，其家道之不克振兴也可知矣。夫君之于民、男之于女，有如辅车唇齿之相依。君之愚弱其民，即以自弱其国也。男之愚弱其女，即以自弱其家也……"

吕碧城明确表示，那些坚持维护旧礼法的人们一听说"兴女学、倡女权、破夫纲"的言论，便将发声之人与震耳的声音视为洪水猛兽，这完完全全是他们的误解，"殊不知女权之兴，归宿爱国，非释放于礼法之范围，实欲释放其幽囚束缚之虐奴；且非欲其势力胜过男子，实欲使平等自由，得与男子同趋文明教化之途；同习有用之学，同具刚毅之气……合完全之人，以成完全之家，合完全之家以成完全之国"。

不单单是为女性应于社会获得怎样的权益进行了思索，吕碧城对于女性为何会被置于现有的境遇，并且应该如何从根源得到改善，也有着自己认真、严谨的思考。在吕碧城的文章中，她不止一次指出"民者，国之本也；女者，家之本也。凡人娶妇以成家，即积家以成国"，认为"有贤女而后有贤母，有贤母而后有贤子，古之魁儒俊彦受赐于母教"，"儿童教育之入手，必以母教为根基"。

相比于如今许多标榜着平权，实则几次三番地单纯制造性别对立

与恐慌的"演说家",吕碧城的文辞并没有盲目地宣扬"仇恨",而往往是一针见血且富有实操性的引导。

比如当她论起这个社会应该倡导女子教育时,便会从新文化与新文明的洗礼出发,鼓励旧礼教桎梏下的女子学着成为**"对于国不失为完全之国民""对于家不失为完全之个人"**的新女性,最终**"使四百兆人合为一大群,合力以争于列强"**。

如果将这些敢于在封建礼教的问题上发声的人们视作这个社会的医生,那吕碧城一定是一位妙手名医,她的诸多观点总能在社会上一石激起千层浪,引起极其强烈的社会反响。在吕碧城的身上,引人热议的不仅仅是那些白纸黑字的针砭时弊,还有她诗文中不自觉流露出的刚直率真以及那横刀立马的气势,不仅让文人学者钦佩不已,也让诸多新女性们向往、倾慕。

"绛帷独拥人争羡,到处咸推吕碧城",已成为那个时代极具代表性的一大盛景。

吕碧城的名声鹊起,真正意义上地将她领上了独立自主的人生之路,并且毫无疑问地成为了妇女解放思想的先行者,俨然已是女权运动首倡者中一笔浓墨重彩的存在。

而这样的势头也为她带来了一位意料之外的朋友。

1904年夏初的一天,尚借住在英敛之家中的吕碧城被举着名片敲门而入的门房打断了思绪,那人挥舞着手中的一张名片道:"门外来了一位梳头的爷们儿!"

接过名片,"秋闺瑾"三个字跃然于吕碧城眼前,待门房将那

第十章 吕碧城 独立女性的标杆

"爷们儿"引进门之后，吕碧城却发现来者并非男人：她穿着长袍马褂，的确是一副男人的装扮，可头上却是梳着女人的发髻。

这人长身玉立、英姿勃发，炯炯的目光似要将面前之人看个透彻一般，周身非凡的气度一看便知不是寻常之辈。吕碧城以礼接待后才知道，这名女子是读了自己的作品后特意前来的。

来者便是后来号"鉴湖女侠"的秋瑾，她曾经以"碧城"为号，也留下不少引人称赞的佳作，因此不少人误将吕碧城的诗词认为是秋瑾之作。而秋瑾听到众人的谈论后，抱着好奇的心态也读了读吕碧城的作品，没想到其中诸多理念她都深有同感。在准备留学日本之前，秋瑾实在觉得应该来与吕碧城见上一面，便特地登门拜访。

这世间，能找到一位三观契合的知己闺蜜着实难得，而吕碧城与秋瑾不仅有理念上的和谐碰撞，连名号都有如此微妙的巧合，不禁让人欣喜。交谈之中，二人都有相见恨晚之感，秋瑾便留宿在了吕碧城的住所内，彻夜促膝长谈。

她们从国家的积弱凋敝谈到政府的腐败无能，从民族的危机忧患聊到女权推进的桎梏……无论大事小情，二人的观点都一拍即合，可是具体到实际做法时，又各有选择与坚持——秋瑾想要说服吕碧城随她一起东渡扶桑，筹划革命，但吕碧城却没有政治上的抱负，更愿意从教育着手，以启迪民智、改变社会风气的方式为将来济世救民的机遇做准备。

或许拥有硬实力的人相比"说服"总是更钟情于"合作"，最终二人约定各自朝着自己选择的方向努力，正好内外双管齐下，可以遥

相呼应。这次相会还不足四天,却让两位卓异女性情同姊妹,成为了文友,秋瑾甚至因此取消了自己"碧城"之号,让于吕碧城专属,也自此成就了一段"双侠"的传奇。

一如伯牙钟子期令人艳羡的高山流水知交情,我始终认为,能在生活中知遇一位与自己三观高度相合的人是人生中最为美满的事情,这种满足感甚至能凌驾于爱情之上。稻盛和夫曾在《活法》中言说生命的意义在于磨炼灵魂,可一个人打磨灵魂是孤独的,甚至可能在自我磨炼中骤然因坚持的疲累失去方向与动力……

但若是能遇见那个能与自己如同照镜一般互相琢磨的灵魂,自然会是一件令人欣喜的妙事,只可惜,这样的知己却总是难觅。

能吸引优秀的人成为知己,自己必然也要有超人之处。诚然,吕碧城此前的履历已经足够迷人,可正如前文所说,吕碧城将先进的理念扎实地转化为实操,才是她与众多"同圈"人最大的不同。

其实早在结识秋瑾之前,吕碧城便已清晰地绘出了自己想要走的女权运动推进路线。

吕碧城在明确自己从教育着手后,便已积极将自己的精力投入办女学的实践中。除了在《大公报》多次发表相关的舆论宣传,她还积极活跃于天津的知识阶层,结识了众多津门名流。其中傅增湘尤其欣赏吕碧城的才华,甚至动了由她负责女子学堂教学任务的念头,得知此事的英敛之便带着吕碧城逐一拜访了杨士骧、唐绍仪、林墨青、方若、梁士诒、卢木斋等人,以此寻求筹资、选址、建校等诸多工作上的帮助。

第十章 吕碧城 独立女性的标杆

在各方努力下，北洋女子公学于1904年9月成立，11月7日，天津公立女学堂也正式开学，吕碧城便在此担任总教习，不仅负责全校事务，还兼任国文教习。

吕碧城成为女子学校总教习一事又在社会上引发了一阵新的轰动热议：要知道，在女子想如男子一般平等获得上学权利都尚属难事的境遇下，一名女子能任此职是多么打破封建常规的事情。

可吕碧城就是有能力做到，俗世众人虽然感到惊讶不已，但也无人认为她配不上这样的位置。待到学堂渐具规模，吕碧城又由傅增湘提名，出任了该校的监督一职——这职务便如我们平日所说的校长——成为了中国历史上女性任此高级职务的第一人。

这位开创了近代教育史上女子执掌校政先例的奇女子，在这所当代女子的最高学府，不过仅用了七八年的时间便完成了从教习到学校监督的提任。

在她的身上，似乎总是能发生奇迹，可这些让人眼花缭乱的"第一人"背后，她那双眼睛里的坚毅却从未变过。我们所认为的那些奇事，或许在她的眼里不过只是一级供其向上攀登的石梯——当一个人时时刻刻都做好了准备，那些机遇彩蛋与彩蛋背后的精彩，于她而言不过是意料之中又无足挂齿的寻常风景，因为她的眼里始终有着更盛大的期许。

倾力办女学的吕碧城将自己看待问题时放眼源头，且重视"源"之持续性的本能也加持在了自己的实操中，她想要学生们将来也能致力于下一代的教育工作，希望大家能"为一个文明社会的将来尽各

自的力量"。而在教学过程中,她也始终致力于将中国的传统学问与西方的自然科学知识进行融合,后来任总统府秘书的沈祖宪也毫不吝啬地称吕碧城为"北洋女学界的哥伦布",赞赏她"功绩名誉,百口皆碑"。

或许正是一直以来如此知行合一的态度,吕碧城才能在与秋瑾的四日畅谈后,完美达成"内外""双侠"呼应的效应——一个是革命女侠,一个是教育女侠;一个在国外,一个在国内,为中国女性的解放奔走疾呼。

与优秀的人相识相知,自然是为了让自己得到更全面的成长,在与秋瑾认识后,吕碧城的文章都在不同程度上体现出了秋瑾对她思想观念上的影响与完善。

双剑合璧的时间总是短暂的。1907年7月15日,因为起义失败,秋瑾于绍兴从容英勇就义。"双侠"不仅从此阴阳两隔,吕碧城更是因此跌入了舆论声讨的黑洞。但从来便坚持认定正确之事的吕碧城不顾个人安危,坦坦诚诚地发表了多篇悼文,差一点因此让自己也上了清政府的暗杀名单。

我们所见的吕碧城生平,在动荡的时代做着伟大的事情,她一路高歌,乘风破浪、英姿飒爽地与旧思想酣战,我们便似乎理所当然地默认她所有事情都成功得容易。可实际上,许多事情都在瞬息万变,她是顺风而行,沿途的烈火便是助她披荆斩棘的焰刃,但当风向突变时,她或许也会如秋瑾一般,成为被这烈火吞噬的牺牲品。

可吕碧城仍然从心出发,在1912年北洋女子公学停办后,她离职来到上海，怀着解放妇女，实现男女平权的理想踏入了政坛，她想用自身的力量影响国人。一不小心，她再一次为自己戴上了另一枚"第一人"的系列勋章——成为了中国史上第一位担任总统府机要秘书这一职务的女子。

细数吕碧城的这些"第一人"，我总能感受到她体内那股滚烫的热血，她做成了那个时代有思想的女性都想要实现的事情，可除了她，却又似乎没有任何一个优秀的女性能如她一样成绩斐然。

或许也因着时势造英雄，那时的动荡虽有苦难，却也代表着更多的机遇。如若是我生于彼时，我又能否如吕碧城一般，仅擎着自己手中的一杆笔，便能写出唤醒国人的呐喊呢？她的毅力与勇气以及对自己的信心，这都源自于她年少时的自我独立。而我又能在一种什么样的境遇下再现如她那般迅速的成长呢？

我难以想象这一切，可这一切她却从来不需要想象——当她迈出第一步时，这些便已经是她成竹在胸的目标。

或许正因为此，她才能成为中国女性独立运动中那独一无二的标杆。

奇迹，在暮年也未停止

她对自己的目标固然信念坚毅，但却也并非"愚忠"于目标的人。

在参政的位置上，她曾雄心勃勃，欲一展抱负，但黑暗的官场实在让她备感心灰意冷，1915年，蓄谋称帝的袁世凯野心昭然，吕碧城便毅然辞官离京，移居上海。

能成为标杆性人物的人，最为独特的优秀之处便在于无论做什么都能收获佳绩。在上海期间，吕碧城投身商界，与外商合办贸易，凭借自己独特的女性人格魅力与过人的才干胆识，加上过去的经历为自己在政坛与上流社会积累的丰富人脉，不过区区两三年时间，便迅速在十里洋场这"冒险家乐园"崭露头角，积累起一笔可观的财富。

或许连吕碧城自己都没有意识到，原来自己拥有不错的经济头脑。

1918年，财富傍身的吕碧城又为自己找到了新的"消遣"之事，她前往美国哥伦比亚大学攻读文学与美术专业，同时兼职上海《时报》的特约记者，成为了彼时千千万中国人看世界的那双眼睛。学成归国后不久，她又计划了七年的欧美漫游之旅，将自己的所有见闻写成《欧美漫游录》，书中大量描述西方风土人情的诗词成为了彼时口口相传的经典，这双"矜矜业业"的眼睛甚至一度被誉为"近三百年来最后一位女词人"。

看够了这世间的风景，吕碧城在1928年又加入了世界动物保护委员会，致力于创办中国自己的动物保护协会，她成为了中国史上第一位动物保护主义者，受邀参加了位于维也纳的大会，身着盛装，用惊艳的演讲打动了每一位与会代表。

无论是在闲游欧洲的时候，还是在致力于动物保护事业的期间，吕碧城一直都十分注重自己的仪表和言行。她心中装着中国的二万万女同胞，从赴津实现自我独立的那刻起，便再也没有放下过想要让她们站起来，想要让她们看到世界的精彩的壮志。而如今，她更是世界领略了中国女性的风采。

也许正因为心中始终装着这样一些梦想，吕碧城此生对于爱情并无更多执念——当初被退婚，或许会是一个她心中的小疙瘩，但在逐步实现独立后的吕碧城心里，这个疙瘩早已成为一件幸事。

"年光荏苒所遇迄无惬意者，独立之志遂以坚决焉"，她甚至会在某个夜晚感谢她未婚夫的抛弃：他的抛弃，为她拉开了另一个舞台的帷幕，在这个舞台上，她收获了远多于爱情与婚姻的幸福。

或许爱情的确不是一个人一生中必要的经历，离开了爱情的女人，甚至拥有了更多的时间与精力来挖掘自己更深处的价值。我读过许多才女的一生，她们中的许多人，总会在爱情的漩涡中迷失自己，甚至因为爱情的不幸，郁郁丢失了自己的性命。

当一个女人真正能独立于这个世界时，又怎么会纵容爱情将自己

套牢呢？

于我有积极的意义，我便欣然承下；于我有负面的影响，我便潇洒弃之——以这样的独立之身细品自己的人生，岂不是更能遇见真实的自己？

带着这样心绪的吕碧城，在旅居西方时成为了西方人眼中的东方公主：翩跹于锦绣丛中的她，欣赏着缤纷的风景，享受着雅致的音乐，却总能在眉间让人瞧见星星点点的落寞。

那时的她，自觉如一粟漂于沧海，总会忍不住感慨自己不知生存的目的究竟何在。也许是曾经的经历太过丰富热血，暮年将至时，她竟已悟不出人生更浓的滋味。

1930年，吕碧城正式皈依三宝，成为在家居士，法名"曼智"。十三年后的某日，她于梦中瞧见一首诗，醒来后她将之抄寄给了友人，不承想，二十天后她便在香港九龙孤独辞世，将自己的人生永远地定格在了61岁，她的尸骨依照遗愿，火化后和面为丸，投入了南中国海。

护首探花亦可哀，平生功绩忍重埋。匆匆说法谈经后，我到人间只此回。

人生最后的一首七言，竟成为吕碧城此生的绝命诗。

她似乎总是如此，人生中的每一步，都想要留下让人惊艳的足迹。

第十一章 萧红 陪伴是流浪者的救赎

"她从呼兰逃出来,到死都没有找到自己的屋子,一直住在不同的旅馆里。中国少了一个家庭妇女或姨太太,多了一个流浪者,一个对自由的追逐者,一个在文学上做出独创性的作家。"

逃，快逃

壹

萧红的一生，仿佛一直在逃。

第一次逃跑，发生在1930年的秋天，19岁的萧红刚刚初中毕业，她不顾家庭的反对，毅然背叛了所有人出走到北平，进入北平大学女子师范学院附属女子中学就读高中一年级。

之所以离开那个赖以生存的家庭，是因为她已经攒足了失望。

她生于地主家庭，原本应该拥有一段无忧无虑的童年，可无奈生母早亡，9岁时她便失去了自己的母亲。而她的父亲骨子里本就固守着古旧传统的做派，对女儿萧红始终较为冷漠疏离，眼下萧红生母的离世，又使得父亲不得不日日奔波在工作与家庭之间，一时间难以以一人之力兼顾。

家庭境遇的变坏无疑让父亲心情日渐暴戾恣睢，续弦的继母又始终容不下萧红的存在，无法在这对父女间起到任何和缓关系的辅助作用，甚至为二人带来了负面的影响。

这对父女的关系之紧张,甚至到了女儿不过偶然打碎了一只杯子,都会被父亲骂到浑身发抖的程度。

"父亲打了我的时候,我就在祖父的房里,一直面向着窗子,从黄昏到深夜——窗外的白雪,好像白棉花一样飘着;而暖炉上水壶的盖子,则像伴奏的乐器似的振动着。"

萧红童年的美好记忆,几乎全部来源于祖父张维祯。

祖父会耐心地陪她在后花园玩游戏,无论是栽花还是种菜,除草抑或是捉蝴蝶,他都会陪伴左右,闲下来的时光里,祖父还会教萧红读诗,带她感受文学的乐趣。在祖母离世后,萧红便搬到了祖父屋中,在祖父的陪伴下度过了难得的快乐日子。

那后花园,便是往后出现在她最闻名的作品《呼兰河传》中的大花园,祖父给予萧红的无忧无虑的童年体验,很大程度上成就了她长大后文学遐想中的温暖片段。

当一个家庭中,与孩子最亲近甚至唯一亲近的长辈不是生父生母时,这个孩子便会注定走向难以预测的情感危机之中。一个孩子成长过程中的个性形成,与家庭成员之间的关系不无关联,而孩子天性更依赖父母——隔代老人的宠爱虽重要,但若得不到父母辈的体贴,孩子无疑会感受到难以消解的委屈,甚至萌生出被抛弃的感觉。

萧红便是如此,将自己对于家庭的归属感慢慢擦了个干净。

祖父离世后第二年,她便完成了人生中的第一次逃跑。这一次逃跑除了因为对原生家庭已无留恋,还因为一纸荒唐的婚约——早在14岁那年,父亲便将她许配给了省防军第一路帮统汪廷兰的次子汪恩甲。

萧红原本对这门婚事没有更多的抵触情绪,只在父亲以此为由劝她放弃学业专心成婚时,短暂地为自己的学习机会抗争过——她的反抗精神无疑也来源于复杂的家庭环境——可让萧红没想到的是,汪恩甲不仅仅是个纨绔子弟,还在婚约之后,慢慢成为了离不开鸦片的瘾君子。

这一次的逃跑,是逃离令人窒息的原生家庭,也是逃离一场荒唐的婚姻,更是对自己学业理想的进一步追逐。

但这场逃跑并没有为她的人生做出更加积极的改变,萧红娜拉式的出走没有如吕碧城一般遇见难得的机会,求学之路在窘迫的条件下举步维艰,不到一年,萧红便迫于困窘回到了老家,在父亲的暴怒中接受了屈辱的软禁与责骂。

第二次的逃跑来得突然,她还没做好十足的准备,便在同情她遭遇的亲属的帮忙下,于深夜再次出逃。

可秋末的哈尔滨哪里来的温度可言,在哈尔滨流浪数月的萧红抵抗不过日渐转冷的天气,求生的本能让她无论如何也不愿被冻死在街头,于是只好投靠彼时正在哈尔滨上大学的未婚夫汪恩甲。

看似一切又回到了萧红逃离前的生活轨迹,在哈尔滨住进旅馆的二人,仿若兜兜转转后又终究走入了长辈们拟定的婚姻生活,又像是对萧红此前的倔强报以回应似的,在萧红怀上孩子、临近产期时,与萧红恩怨纠葛了数年的汪恩甲突然失踪,萧红独自被困在了旅馆里。

怀有身孕的萧红挺着大肚子,既无力谋生,也无法离去——旅馆老板一口咬定此前的居住已欠下400块大洋,恶狠狠地逼迫萧红还债，眼见着萧红独自还钱的几率太小，甚至做好了要将萧红卖到低级妓院抵债的准备。

被汪恩甲留在旅馆充当人质的萧红苦从心生，却也害怕最终生产后会被卖到妓院，于是便向哈尔滨《国际协报》的副刊编辑裴馨园求救，得益于自己学生时期便在文学创作上积极投稿并小有成绩，萧军、舒群等文学青年知情后便先后前往旅馆看望萧红。

第三次逃跑是被逼无奈之下的逃命——松花江决堤的日子，旅馆仍然因欠钱太多扣押着萧红，萧军便连夜租了小船将萧红救出了水困。

可实际上，前两次逃跑又何尝不是逃命——逃离一段沉闷无趣的命途。

其实，如果不是最初为了自己心中求学的信念逃跑，她这一段人生或许不会这么困苦壮阔，服从安排地度过这一生，谁又能说不是在当时条件下的另一种幸福呢？

可她在复杂的原生家庭环境下催生出的反叛精神，不允许她做出如此妥协。我们时常爱叹息有些人的固执是在自讨苦吃，可有时候的自讨苦吃却的确是为了等一个苦尽甘来，萧红始终坚信自己选择的路能为她带来一片她所需求的天地，一次次尝试，一次次逃离，就像扑火的飞蛾异常坚定。

下一次逃跑又在何时，她没有一个确切的预料，但她明白，只要她能看见一条合着自己想去方向的路，那便会是自己逃去的方向。

鲜为人理解的潇洒

21岁的萧红曾在"逃途"中用一首充斥着酸楚的悲苦小诗打动了26岁的萧军。

那边清溪唱着,这边树叶绿了,姑娘呵,春天来了!去年在北平,正是吃着青杏的时候,今年我的命运比青杏还酸!

与萧军同甘共苦的几年,是萧红自情窦初开到客死他乡的命途中,最刻骨铭心的一场苦旅。

彼时,刚刚脱离水困不久的萧红被送进医院待产,二人却无力交出住院费用,情急之下,萧军甚至举着刀子逼医生救人。此番之后,两个灵魂相惜的文艺青年便破除了隐约的暧昧,在爱意相合中生活在了一起。

共苦的日子让萧红十分难忘,生活中最艰难的时刻,他们囊中只够交付一时的房租。空空的口袋中再没有任何多余的钱可以置办家用,连租用被褥都是奢望。

第十一章 萧红 陪伴是流浪者的救赎

食不果腹的日子里，"活着"才是最大的困苦与难题。哈尔滨的冬天滴水成冰，他们一块干粮可以啃一整天。饥寒交迫的萧红与萧军，只能紧紧地靠在一起相互取暖，这种窘境，某种程度上也掩盖了他们各自三观中的诸多问题，推迟了他们一别两宽的日子。

困苦的日子没有持续太久，依靠着文学创作的收入，这对情侣的生活慢慢得到了改善，可理想之路上令人惊喜的发展并无益于她和萧军生活的美满，两个人的裂痕在争执中不断加剧，甚至萧军会因为笔触不如萧红而暴怒愤懑，恶言相向，直至一言不合便拳脚相加。

而最后一根稻草，是萧军感情上的背叛。

终于，在1936年的7月，为了求得暂时的解脱，缓解两个人之间剑拔弩张的氛围，萧红选择了只身东渡日本。

在日本留学的那段时间是萧红的"黄金时代"，虽然当时她正经历着萧军对她感情的背叛，也刚刚与自己的人生导师鲁迅永别，但她十分享受那段留学时光，即便这一次出走在诸多人看来实属匪夷所思。

那大概是她生命中最宁静的时光了，没有无端的谩骂，没有软禁与偏见，更没有令人难捱的颠沛流离，她在中国咽下的一切苦楚，都在此刻被山水阻挡在了千里之外，也正是在这样的轻松日子里，她不仅笔耕不辍，还收获了另一份温暖。

与萧军彻底分手时，她已经怀上了他的孩子，又一次，她带着与别人的孩子和眼前相伴之人相拥。

毕竟，在温暖中休憩过的人，很难再多捱一天的极寒。

端木蕻良是一位文质彬彬的文学工作者,与萧军的粗狂野气不同,他总是和声细语的,也总会毫无保留地站在支持萧红的立场上。最让萧红暖心的是,端木不仅仅是尊敬她这个人,还常会大胆地赞美她的作品,这给了萧红难得的自尊感。

萧红每一次的离开似乎都太过潇洒,即便已有身孕,也总是能诚实地追随自己的心意,这让许多人都不能理解,甚至多年后有一位女作家将所有这些归结为她的"作":"从一个男人到另一个男人,从一种攀附到另一种攀附,从一种被弃到另一种被弃。"

一句"作",便似乎将萧红这一生都钉在了耻辱架上,似乎她所经历过的苦难皆是咎由自取。可明明,直面数次被抛弃的人是她自己,她选择的潇洒,是她为自己保留下的最后的体面:"**女性的天空是低的,羽翼是稀薄的,而身边的累赘又是笨重的。**"

她一次次以孱弱之躯去抗争,去争取,却总是从一个泥潭又跳入另一个虎穴。

萧红也曾在与作家舒群路过一家商店时驻足于童装橱窗前,喃喃叹起自己第一个孩子若还活着,该穿着怎样的衣服——她生存在这片抬不起头的天空下,所以她只好放弃。

她曾说过:"人和动物一样,忙着生,忙着死。**我不能决定怎么生,怎么死,但我能决定怎么爱,怎么活。**"

我想,只有怀持着如她所言般客观公允的态度,才是理解她的唯一路径。

其实爱情不是她的面包

萧红文学征程的黄金期是在萧军的影响下正式拉开帷幕的。

那时他们生活困苦,却异常亲密。萧红先是尝试着在《国际协报》副刊发表自己的文章,随后,她又以"悄吟"为笔名,写出人生中的第一篇小说《弃儿》。

弃儿,这名字便很萧红。

因数次的"逃"而异常丰富的人生经历,成就了她不同于寻常女作者的人生观念与生活态度。原本,她的一切思绪都还不能得体地凝练成供人赏读的文字,直到萧军的出现,她得到了人生中最难忘的一次救赎——有多少人可以在人生中遇见一个将自己的生命、生活,乃至理想同时救赎出困窘的人呢?

至少在那时那刻,萧红觉得这俗世待她真是良善。

萧红始终是理想主义者,环境的偏差完全抵挡不了她对生活的热情,有时候甚至还能激发她更多的创作热情,而这个时期萧军的相

伴，于她而言无疑是一个极佳的加持——他懂她，也懂文学，能与她在生活上相扶持，也能与她在精神上相激励。

配合默契时，萧红与萧军二人甚至合作出版了文集，在文艺鉴赏方面更是同样敬仰着鲁迅，常与鲁迅书信往来。

一次机缘巧合，鲁迅在读过相关书稿后便约见了二人。

来到上海后的萧红，进一步得到了鲁迅的指点，并在鲁迅的指导下，第一次以笔名"萧红"发表了小说《生死场》，就此在文学界引起了巨大的轰动。

小说里生动描绘了东北地区乡村荒野间的风色图景，是萧红极具天才的想象力与创造力的结晶——而这里面大量的素材，都是萧红被家中软禁时的见闻，如拉扯伤口上的血痂，血淋淋地揭示了东北乡村底层人民的黑暗日子上。

或许是骨子里的反抗精神与不堪回首的过往，将萧红锤炼出了有别于女子柔情的，极其辛辣的文学功底，萧红没有辜负鲁迅的指点。

对萧红研究颇深的叶君教授曾称："萧红身上延续了鲁迅的自由主义立场。如她认为作家是属于全人类的，作家的写作永远对着人类的愚昧。萧红生命后期创作的《马伯乐》明显继承了鲁迅国民性批判的路子。有学者指出，鲁迅的《阿Q正传》是'精神胜利法'，而《马伯乐》里的马伯乐是'精神失败法'，可以看出内里的传承。"

在鲁迅为萧红的《生死场》所作的序言中，他毫不吝啬地称赞萧红道："北方人民的对于生的坚强，对于死的挣扎却往往已经力透纸背；女性作品的细致的观察和越轨的笔致，又增加了不少明丽和新鲜。"

也因此，萧红一夜之间成为彼时中国文坛上不可多得的知名女作家，甚至一度被誉为"30年代的文学洛神"。

他们曾经是彼此的避难所、桃花源，却在共同经历过难捱的苦难后，无法同享这一份甜。可这段感情最为悲苦的结局却不在分开时，而是在萧军于晚年坦言自己从未将萧红视作自己最后的归宿时：

"她单纯、淳厚、倔犟，有才能，我爱她，但她不是妻子，尤其不是我的。"

瞧啊，萧红不过是游离于他人生规划以外，并不唯一的"副产品"。但我却突然意识到，萧红是否也从未将爱情的归宿视作自己的人生大事。

她是否也一直将两颗心的靠近与依赖，视作自己人生理想路上的调剂品呢？

萧红曾解读自己说此生最大的痛苦和不幸，都是因为她是一个女人。或许便是因为她在那时的乱世，想要无障碍地于理想之路上前进，只能无休止地借助于一个栖身港湾的力量，她可以毫无留恋地与萧军分手，甚至可以咬咬牙心狠地放弃自己的亲生骨肉，她在不同的伴侣间逗留，在天南海北的城市里流浪，但她却从未放下过自己的文学理想。

她的精神可以靠文学创作持续供能，但她的身躯与困苦的心灵也同样需求一个可以供她稍加休憩的陪伴，或许这份陪伴，便是她于苦痛中不断挣扎重生的救赎。

我们可以认为她无情，但我却觉得是她的这份情太沉太苦，鲜有

人可以做到身心站在同样的高度、角度与她共情，因此，她不曾强求这份默契，只愿为自己的人生求得一份安宁。

所以在萧军之后，她再次将自己投入一段婚姻时却形容它为"正常的老百姓式的夫妻生活"。

没有争吵、没有打闹、没有不忠、没有讥笑，有的只是互相谅解、爱护、体贴。

这是她想在不竭的陪伴与依偎中求得的微末救赎。

也正因不曾将爱情视作自己人生的面包，在经历了种种别离与背叛之后，她仍然能心神如常地在逼仄的破败小屋中完成一部部高质量的作品——从1940年1月到1941年6月，短短一年半的时间，拖着疾病相缠的身躯，萧红以不可思议的速度完成了她此生最成熟的作品：《马伯乐》《呼兰河传》《小城三月》。

她拼尽全力在生命消失前发出最灿烂的光彩，就像她这一生便是为此而来。

一如萧红在死时留下的遗言：

"我将与蓝天碧水永处，留下那半部《红楼》给别人写了。半生尽遭白眼冷遇……身先死，不甘，不甘。"

这白眼大概是萧红所遭受到的苦难，她不曾在意那些因为男女关系而遭受的不理解，因为这是只有她自己能做出的选择与坚持；而半部红楼多半便是她未能完成的写作理想，临终的她，最为惦念的不是那早夭的孩子，也不是令人唏嘘的感情坎坷，而是自己未竟的文学理想。

或许于她而言，只有那文字汇成的长河，才是她一生情感流浪的唯一归宿。

第十二章 石评梅 短暂却灿烂的寒梅

在民国那个优秀才女层出不穷的时代，有四位顶优秀的女子得了个"民国四大才女"的雅号，她们或是多情自傲，或曾享受生活，虽在人生路中经受了许多不同形式、不同程度的幸运与苦难，但颠簸的命运却没有过多地为难她们，大多都能在岁月中感受老去的时光——只除了那一个人，那位人如其名，一心爱慕着俏丽梅花的女作家。

她这一生实在太短，短促到甚至还来不及将这一身苦寒香散至更远的地方。

源正,又叛逆

壹

石评梅出生于平定城内的一户书香门第,父亲是清末举人,她的一身国学底蕴源自父亲的启蒙。

自石评梅三四岁开始,父亲便每晚坚持教她认字,好在她聪颖好学,不仅学得又好又快,学习态度也令人满意,父母对她都十分喜爱。但长辈的喜爱却并不代表要求会被放松,偶尔石评梅若是没能完成当天的任务,即便是到了深夜,也不能去睡觉,一定要将当天的任务完成才可以休息。

等到再大一些,入了小学,石评梅白天和同学们一起上课,晚上回到家里还要接受父亲的教学安排——《四书》《诗经》等等经典国学,都是父亲亲自教读。在如此严正的童年家教中,石评梅打下了极好的国文功底,而这也正是她往后从事文学活动的良好基础。

或许这样的家教方式在现在看来有些过于严苛,毕竟孩子如此年幼便已经开始被督促着挑灯夜读,哪怕是在学习压力大到众人纷纷极

第十二章 石评梅 短暂却灿烂的寒梅

力倡导给孩子减负的现代社会，也着实是显得有些操之过急。

可对于石评梅来说，父亲这样严正的督促并无任何逼迫的意味，反而有些正中她的下怀——石评梅骨子里有种近乎偏执的上进欲，在同龄人尚未弄明白什么是学习的小小年纪，她仿佛天然地拥有如海绵一般的吸收能力与容纳态度。

这样良好的家庭教育，让石评梅后来在太原女子师范学校读书时，轻而易举地成为了校园里众人皆知的小才女。这位才女并非"一心只读圣贤书，两耳不闻窗外事"，她还曾是某次女师闹风潮的组织者之一，风潮平息后，校方原本考虑将她开除，最后却因为实在惜其才学，便又恢复了她的学籍。

这也是石评梅人生第一次显现出自己的反抗精神与组织才能，虽然这次初体验差一点让石评梅的学业履历留下污点，却也不得不说，这样的体验极大地鼓舞了她想要为自己的信仰做些什么的热情与决心。

有时候，我们并不是生来便拥有伟大的理想，也不是生来就下定了决心要做伟大的人，而是在一点点认识这个世界的过程中，在一步步摸索着人生路的过程中，慢慢找到了自己的方向，看到了目标，意识到自己或许拥有更大的可能性。

1919年暑假时，石评梅考入了北京女子高等师范学校。在当时的时代背景下，绝大多数人仍然抱着女孩子只要中学毕业便足够了，不必接受更多深造的态度，可是她的父亲并不这么认为，一直支持她走出家乡到北京求学。父亲的态度也坚定了石评梅求上进的思想与意志，她便毅然决然地离开相对闭塞的娘子关，来到了全国思想最活

跃、先进的北京。

成长中能收获怎样的陪伴,往往不仅会直接影响到我们三观的形成,也左右着我们往后的每一次抉择。在它潜移默化的影响下,许多人走上了不一样的路,所以我们才会如此注重家教的力量。当周围客观环境不够理想的时候,良好的家教有时甚至能起到力挽狂澜的作用——有远见、有态度的家长在面对孩子时,不会只是简单的"照明灯",更应该是标明方向的指南针。

来到北京对于石评梅来说是人生中的一次重要转折,那时正值五四爱国运动刚刚起航,新思潮与新文化方兴未艾,在文学革命的战场上,许多耳熟能详的文学斗士已经发表了一批新文学作品,以鲁迅为代表的人士,也正以身作则地促进白话文取代文言文的文学趋势。

由封建社会起绵延数千年的旧礼教与旧道德,在这种风潮下受到了强烈的冲击,许多思想进步的新青年心中都已将民主与科学立为了时代新旗帜。来到北京求学的石评梅如同一条终于从浅滩跃入大海的鱼,目之所及都是前所未见的广阔天地,心中那股劲儿正有了大肆施展的机遇。

在这股新思潮的影响下,石评梅除了完成自己在女高师的学业,也积极结识了一大批文学挚友,进一步闯入了文学创作的世界。她拥有极其深厚的国学底子,但正统的文学修养并没有将她禁锢为呆板的传统学者,新思想倒正合了她有些叛逆的反抗精神,她开始在诗歌与散文上进行积极创作,并向各大报刊投稿。1921年的12月20日,她的诗歌《夜行》在山西大学"新共和学会"办的刊物《新共和》第一卷

第十二章 石评梅 短暂却灿烂的寒梅

第一号上正式刊出。

作品的成功刊出对任何一位文学创作者而言都是莫大的鼓舞,此后,石评梅陆续在《语丝》《晨报副刊》《文学旬刊》《文学》等报刊上大量发表自己的文学作品,其中包含散文、诗歌、游记、小说等多种文体,甚至亲自参与到《妇女周刊》《蔷薇周刊》等刊物的编辑工作中。由于石评梅的诗歌最为亮眼,一时间在那时的文坛亦有"北京著名女诗人"之誉。

或许正因为骨子里的反叛精神,带着些许叛逆的石评梅虽然出身并无更多的坎坷,可她却更能看到,甚至感同身受这世间的诸多不公,她的作品中不乏对女性命运与人生的思考,总能以悲观主义的视角秉持着悲情逻辑进行文学思辨,使得她每一次的文学呐喊既极度热烈又极致悲哀。

有人评价石评梅的作品"有缠绕不清的哲学癔病和清冷的悲哀色彩",或许在那个时代,多愁善感的人总是注定离不开悲哀。诚然,她有支持自己的家庭与朋友,可她却更渴望整个社会都能迎接光明。

但她执着于奋力反抗的力量,却不仅仅源自新思潮下的大环境——良师益友固然助力多多,可真正在灵魂深处与之相扶相持的那个人,才是石评梅最大的力量来源。

情深缘浅 最是伤人

不知道现在的大学是否还会举办同乡会，如今全世界在互联网的联系下亲密得如同没有隔阂，即便常年在外地求学，偶遇同省的人不过也只是多几分微笑，很难再有传说中"老乡见老乡，两眼泪汪汪"的激动。

但在过去，消息相对闭塞，普通话也尚未能得到很好的普及，异乡人总热衷于在同乡会上感受来自家乡人的归宿感。

石评梅就是在1920年的那场山西同乡会上，结识了自己此生的挚爱。

那时候，在北京大学求学的高君宇是五四运动健将，也是山西籍最早的共产党人，无疑是一名极其优秀的先进分子。在同乡会上，石评梅被高君宇所做的反帝反封建演讲深深地感染，随后的闲谈中又得知自己与高君宇两家的父辈竟也有交集。

他乡遇故友本就显得亲切，父辈便有情谊则更是亲上加亲，加上

第十二章 石评梅 短暂却灿烂的寒梅

二人都有着先进积极的思想，两个人迅速建立了朋友关系，在忙碌的学业之余仍然互通信件，天马行空地谈论着诸多话题，闲暇之余，他们也会相约到北京南郊的陶然亭湖畔散步，在一次又一次的交谈中，石评梅逐渐发现自己与对方有着许多相同的思想与抱负。

那时的石评梅还不知道，自己人生中的另一大转折点正在靠近。

时光匆匆，持续互通了数月的信件过后，石评梅不知不觉间将自己更多的情绪与精神的柔弱面坦露在了高君宇面前，她在1921年4月15日的信件中向高君宇倾吐了自己思想上的悲哀——在一个本就充满问题的时代，一个女生的哀愁情绪太容易被忽视，甚至因为性别的刻板印象，太容易收获各式各样的轻视。

但高君宇不是这样的人，又或者说，在高君宇的心中，石评梅是一个思想高度和社会力量与他高度一致的人，他认真地回信向石评梅分析她的烦闷，他认为这种无力的悲哀源自于社会制度的不合理：

"所以我就决心来担负我应负改造世界的责任了。这诚然是很大而烦难的工作，然而不这样，悲哀是何时终了的呢？我决心走我的路了……

"我很信换一个制度，青年们在现在社会享受的悲哀是会免去的——虽然不能完全，所以我要我的意念和努力完全贯注在我要做的'改造上'去了……"

长久的思想深交，让高君宇确认石评梅是一位拥有不可多得的才情优异的女子，那份来自同乡友谊的情愫已慢慢发酵。而他这份热切的信念感也深深地打动且鼓舞着石评梅，她望着信中诸如"积极起

来,粉碎这些桎梏""被悲哀而激起,来担当破灭悲哀原因的事业,就成了奋斗的人"这类的鼓励,心中的友情慢慢地发酵为爱情,不知不觉间,她已将高君宇视为自己此生的知己。

多数人总觉得一见钟情才是爱情最浪漫的模样,茫茫人海,在无数双眼睛中一眼找到让自己心跳漏拍的那份光彩,光听起来都让人心生羡艳。

可如春雨般绵绵浸润的日久生情,不也饱含着让人悸动的深情吗?两个人在抽丝剥茧般的了解中,一步步深入对方的思想,一寸寸占据对方的心绪,每一次聊天都有新的惊喜,每一次思想碰撞都让人忍不住庆幸……等意识到自己的生活已经逐渐被另一个人的思想与话语"侵袭"时,才恍觉自己早已深陷,甚至还会羞着脸抱怨一句自己为什么在第一眼时没有认出对方与自己灵魂上的契合。

这种时光越久,深情纠缠得越深。这是两个人的幸运,却也是时代环境下的不幸。

1923年的秋天,石评梅收到了高君宇一封特殊的来信,信中没有他们平日里满溢的思想情怀,仅有一片如火般红艳的枫叶,那枫叶上用毛笔写着几行滚烫的小字:

满山秋色关不住,一片红叶寄相思。

突如其来的表白让石评梅又喜又忧,陷入了莫大的矛盾之中。

她不是不渴望爱情,可过往的经历让她虽然在精神上仍怀着对诚挚爱情的向往,实际生活中却早已失去了重新追求爱情与婚姻的勇气:她的初恋是一位风流才子,彼时他疯狂且热烈地追求过石评梅,

第十二章 石评梅 短暂却灿烂的寒梅

却在二人相恋的第三个年头才不慎暴露了自己早已有妻儿的事实。

曾在自以为的爱情面前备受挫折的石评梅，无法再接受一个已婚男子的心动。

没错，那时的高君宇也是一位结了婚的男人，可他与石评梅那位初恋却并非同样的风流之士——他的婚姻源自自己18岁时的长辈包办，在婚事初时他便百般反抗，却终究抵不过父亲的严词，只得娶了那同乡的女子。

原本他心中便满载着革命事业，对于爱情并没有更执着的想法，拗不过父亲后，他便也只好妥协成婚。但在认识了石评梅后，他明白了真正的爱情拥有何等的力量，而与一位可以并肩进步的人作伴又是多么难能可贵的幸福。高君宇重燃了摆脱封建婚姻束缚、追求自由爱情的信念。

石评梅却在长久的矛盾中，于红叶上写下了自己的回复：

枯萎的花篮不能承受这鲜红的叶儿。

石评梅的拒绝，在她与高君宇之间立起了一面墙，却也更加坚定了高君宇非她不可的决心，他对自己的弟弟感叹："我对她的感情非但没有减弱，反而更加增强了。"

不同于现代婚姻中的出轨行为，在当时的年代，每一位被封建婚姻影响的人都是真真切切的受害者——没有自己的选择，也没有两个人的磨合，总是只能在长辈们的叫好声中咽下拒绝的声音，让原本该由两个人主导的终身大事，变成与本人的意志毫无关系的"闹剧"。

如今许多人对于自己出轨的不忠行为总爱冠以"追求爱情"的自

由标签,却矢口不谈自己早就许下过承诺的另一半曾经也是自己自由追求来的爱情。也总有着一些声音,在回看那些受制于封建制度的故人与往事时,漫不经心地将在身不由己中坚持反抗的她们也尽数打为同"罪"。

我们不该在不合时宜的时候将爱情看得过于伟大,伟大到可以僭越人的社会道德底线与尊严,也不该在不合时宜的地方将爱情看得太过渺小,渺小到应该无理由地向封建糟粕妥协。

高君宇的坚定在大环境与他亲身遭遇的前提下,无疑是令人欣赏的,而他摆脱封建桎梏的机会没有让他等待太久,在石评梅后来追忆爱情的《共君一醉一陶然》中曾有这样一段回忆:

"……杏坛已捕去了数人,他的住处外尚有游击队在等候着他。**今夜是他冒了大险特别化装来告别我。**"

那是1924年某个狂风暴雨的夜晚,高君宇趁着夜色偷偷来到了石评梅的住所——他要看一眼此时此刻自己心中最放不下的人。

彼时正值北洋政府对北京城内国共两党成员展开大搜捕,高君宇也因此遭到北洋政府的通缉。接到上级指示,需要回到山西建立党组织的他,侥幸靠化装脱逃。临走前的这晚,他向石评梅承诺自己一回到山西就会解除那父命的婚约,也安慰病中受惊的石评梅"**不要怕,没要紧,他就是被捕去坐牢狱他也是不怕的,假如他怕就不做这项事业**"。

只可惜,这片赤诚真情没有给石评梅的内心带来令人振奋的勇气与力量。面对高君宇的承诺,她沉默着没有做出任何应答:

第十二章 石评梅 短暂却灿烂的寒梅

"……他的心很苦，他屡次想说点要令我了解他的话，但他总因我的冷淡而中止。他只是低了头叹气，我只是低了头咽泪，狂风暴雨中我和他是死一样的沉寂。"

或许是源于上一段恋情的心有余悸，石评梅已然默默下定终身不嫁的决心，即便是面对此刻的高君宇也没动摇这份决心。而高君宇却没有食言，回到家乡后，在他的决意力争下，那场已有十年之久的名存实亡的婚姻在1924年秋天画上了句号。

高君宇的自由身，却并没有打破他与石评梅之间的那堵墙。

他也曾在回信中抱怨过："此信你说可以做我唯一知己的朋友。前于此的一信又说我们可以作以事业度过这一生的同志。你只会答复人家不需要的答复，你只会与人家订不需要的约束。"

他也会在与生死骤然擦肩后，突然起意，买来一对洁白的象牙戒指，将略小的那款寄给石评梅："愿你承受了它。或许你不忍吧！再令它如红叶一样的命运。"

怎么可能不心动，石评梅心中早已满是他的身影，可她偏偏被自己困在那面墙后，无法再前进半步，也难以抽身离去。在这份静默的痛苦中，高君宇倒在了自己的位置上——多年的艰苦生活，与情感上郁积的心痛与神伤，即便是这样一具年轻的身体也再也支撑不住。

住院期间，石评梅几乎日日来探视，他们聊得投机，石评梅却依旧如往常。

"地球上最远的地方是哪里呢？"

"便是我站着的地方。"我很快地回答他。

  他不再说什么，惨惨地一笑！相对默默不能说什么。我固然看见他这种坦然的态度而伤心，就是他也正在为了我的躲闪而可怜，为了这些，本来应该高兴的时候，也就这样黯淡地过去了。

  她就像一株立于风雪中的寒梅，无论多美也似乎散不出半点温度。或许若能再给石评梅一次机会，她一定不会再这般口是心非地回答如此伤人的话语，可那些恍悟总是发生在事情不可逆转的后悔时刻，1925年3月6日凌晨，时年29岁的高君宇不治去世。

  高君宇的离世给石评梅带来了极大的打击，她明白，是自己的犹豫、脆弱与不果断推了已然在断崖边摇摇欲坠的人一把。那些真诚的深情一次次被她拒之门外，她明明也是知道的，若是自己不再如此固执，两个人都将生活得更为轻松，可她偏偏过不去心里那道坎儿。

  她以为等待可以磨平一切，却没想到磨去的却是她心爱的高君宇。

  在高君宇的追悼大会上，石评梅泣不成声，她心中总想着是自己害死了高君宇，欠他良多。回忆起往昔两人的种种，尤其是他病重时期，自己仍未在相爱相守这件事上对高君宇说过半句软话时，石评梅感受到了莫大的悲痛与遗憾。

  碧海青天无限路，更知何日重逢君。

  这副挽联是石评梅第一声赤诚的表白，只是那个人再也没有机会去听这等了太久的答案。

  我们总爱做些口是心非的事情，以为自己的坚持足够洒脱，以为自己的选择即便违心也会是最好的结果，却忘了我们没有太多的时间与机会去试错。世间没有后悔药，也没有永远的等待，在最好的时刻

第十二章 石评梅 短暂却灿烂的寒梅

你没有伸出双手牢牢地抓住,下一秒的会面或许便会是诀别。

1925年5月8日,依照高君宇的遗愿,由石评梅与高君宇的胞弟高全德共同出面,将高君宇安葬在了北京陶然亭。

石评梅亲手在墓周种下了十余株松柏,并于墓碑题道:

我是宝剑,我是火花,
我愿生如闪电之耀亮,
我愿死如彗星之迅忽。

这是高君宇曾于相片上自题的几句话,也是石评梅与高君宇之间最为欣赏的,同属于二人的理想姿态,这份赤诚与坚定烫得石评梅止不住泪。

"君宇,我无力挽住你迅忽彗星之生命,我只有把剩下的泪流到你坟头,直到我不能来看你的时候。"

她终于能击碎自己立起的那面墙,将自己的真心毫无保留地展示出来,却只能在高君宇的墓碑上写下上述的深情。

当石评梅揣着这份感情却只能自言自语,无法再得到任何回应时,她才终于体会到自己曾经的冷漠,对于一腔热血的高君宇来说是多么残忍的一件事。

未竟的事业

在高君宇离世后,石评梅便几乎将全部精力都投入到了对高君宇的爱中。这期间,她写了数十篇寄托自己深情与哀思的文章,每一次回想过往的种种,都像是往心中揉进了一把碎玻璃。她透过回忆的眼睛,似乎又看到了更多来自高君宇的爱意,也更清晰地看到了高君宇心中的理想。

悲痛之余,石评梅顺着自己与高君宇的思路逻辑,认真且严肃地审视、思考这个社会与自己的人生,她更为透彻地理解了高君宇所从事的事业,一时间从自怨的颓靡中振作起来——她固然已经失去了高君宇,可她还替之保留着最最高尚的精神,她虽不能与高君宇携手余生,但却不影响她为高君宇过完这余生。

"我虽然不能接续天辛(高君宇)的工作去做,但我也应努力一番事业。你看,北京这样的杀人,晶清①是革命去了,北京只剩下我

---

① 石评梅生前好友。

第十二章 石评梅 短暂却灿烂的寒梅

了,暑假后我一定往南边去,让他们认识认识我评梅,做革命事业至少我还可多搜集点资料做文章呢!"

那是高君宇未竟的事业,如今石评梅接过了这一棒。虽然在亲友的阻挠下,她没有办法前往革命的最前线,但她却不曾在任何一件小事上敷衍这份理想。

爱人逝世后,石评梅的作品便更多了几分犀利的审视感,在她的作品中,无论是对光明与爱情的追求,还是对解放中国妇女与肃正社会风气的渴望,都饱含着柔弱女性力量支撑下追求真理、奋苦挣扎的执着精神。

这精神里,或许也有她对高君宇的执念。

除开文学上如火如荼的创作,她其实还在学校有着教员、讲师的身份,在北京师大附中开始男女同校后,如何管理与施教变成了学校的头等难题——封建传统思想毕竟在大家心中扎根许久,这般勇于冲破旧礼教的新制度,无论对于教职工还是对于学生们,都是前所未见、无从参考的挑战。

可在校内担任女子部主任的石评梅却成效甚好。

她在管理上采取理智教导、真情感化的方法,用绵柔的心意化解与学生间的距离与不安,让学生们心悦诚服地服从管理与约束。

在她心中,所有的教育管理核心都浸润着一个"爱"字。

"我从前常常是不快活的,后来我发现了她们,我这些亲爱的小妹妹,我才晓得我太自私了。我最近读着一本小说,叫做《爱的教育》,读完之后,我哭了。我立誓一生要从事于教育,我爱她们。我

明白了我从前的错误。"

她学会了向他人展露自己的柔软,向他人传递自己的爱,这虽然来得有些迟,却又让人忍不住叹息来得巧。

我们总是不愿自己在碰壁后才能得到最急需的成长,可身不由己的时刻却又太多,当事情只能如此走下去时,抓住尽可能的机会让自己不再继续遗憾,是我们唯一能为自己实现的"弥补"。

自五四运动以后,许多革命青年因为对旧制度的不满和追求光明前景的迫切,感受到了莫大的苦闷与彷徨,现实的无情让他们找不到明亮的出路,尤其是女子——当初石评梅便是其中一员,因此她早期的绝大部分诗歌与散文都有这种基调。

高君宇那时便告诉过她,这一切苦闷都是因为世界尚未被改造,这不仅为石评梅的生活拨开了愁云,还让她的文学创作进入了一个新高地,在情深缘浅的爱情悲剧加速了她的成长后,她原本已经做好将自己的一生都投入"改造世界"这一理想事业的打算。

可这个世界却没收了她最后的机会。

1928年9月18日,石评梅于北京西拴马桩八号寓所突然发病,虽然感受到了剧烈的头痛,可却被她认为是无关紧要的小病痛,照常教书,病情就这样日益严重,直至开始昏迷才引起友人们的注意。

五日后,石评梅被确诊为脑炎。

30日,石评梅便逝世于北京协和医院。

临终前,石评梅的指间仍然戴着那枚白色的象牙戒指。大家将她葬在陶然亭高君宇的墓旁,圆满了二人"生前未能相依共处,愿死后

第十二章 石评梅 短暂却灿烂的寒梅

得并葬荒丘"的遗愿。

石评梅病逝后,《世界日报》印行《石评梅纪念刊》登载了三十余篇悼念文章。在友人庐隐、陆晶清等人的努力与编辑下,又经由文化书局与盛京书店出版了她生前所著小说散文集《偶然草》《涛语》等书。

高君宇未竟的事业,没想到石评梅终究也未能亲见实现,她终年不满27岁,创作生涯仅仅只有六年,是中国近现代女作家中生命最短暂的一位。

可短暂也不掩其灿烂的风采,她所留下的字里行间,或是对心爱之人的缅怀之情与崇敬之心,或是对中国劳动妇女乃至全民族悲惨命运的痛心与决意对抗黑暗的坚定,那一心想要追求自由与解放的执着精神赫然纸上,生动地向世人描绘着一个民族该有的责任与热血。

或许,她若是不曾在自己与高君宇之间立起那堵沉重的墙,这两位热血青年,真的可以在革命路上携手共进,做一对内心充实且幸福的鸳鸯。

可时代的悲哀却太厚太重,厚重到试图渗透到每一个人的骨血中,厚重到让石评梅喘不过气、翻不了身。

如果还能有一世,在对面之人问出"地球上最远的地方是哪里"时,愿那一位石评梅可以勇敢地送出自己的拥抱,不必再愁苦着自己的内心,说出那拒人千里的冰冷言辞。

愿这世间,只要心中有爱,便能勇敢去爱,让生命留下灿烂的痕迹,却不必再只做短暂的停留。

第十三章 张爱玲 永恒的孤独

  许多人都爱将张爱玲形容为一座孤岛。孤独,便是她这一生的基调。

  一如余秋雨曾说,她死得很寂寞,就像她活得很寂寞。

  她的寂寞在我们的眼中是那样珍贵,因为这份寂寞,她的笔尖孕育出了多少缠绵悱恻的纸间情绊——她许是享受这份寂寞的,毕竟这寂寞就像她此生最大的灵感缪斯。

  可谁又能明白,她的这份享受,却包含着多深的无奈。

亲情是噩梦的开端

壹

当满满当当的一箱子古董出现在张爱玲美国的住所里时，张爱玲才真切地意识到，原来自己的母亲是真的死了。

几个月前，张爱玲曾收到了母亲的来信，信中那位不甚称职的母亲说，自己此刻唯一的愿望就是见她一面。

可张爱玲没有满足母亲的愿望，那份请求被张爱玲视做了要钱时的委婉恳切，她猜测着母亲大抵是生了病无钱求医，匆匆忙忙寄去了一张百元美金的支票，心中还惦念着这是最后一次联系，往后便该打定主意与母亲老死不相往来。

没想到这一生无数次求而不得的张爱玲，这一次却真的得来了与母亲不再往来的结局。

她的母亲黄逸梵骨子里便是一位独立的新女性，一心渴望着遇见一位志同道合的伴侣，可偏偏，嫁予的张廷重是最为传统典型的纨绔子弟，一袭长衫下满满当当的封建陋习，原本可观的家业在传到他这

第十三章 张爱玲 永恒的孤独

一代时，几乎全部败在了吃喝嫖赌与讨养姨太太上。

这场婚姻无疑让两个人都极其失望，一个想要一位上进律己的丈夫，一个想要一位逆来顺受的"贤妻"，两个互不妥协的人，在大相径庭的生活诉求下，唯一的结果是争吵不休，家无宁日。

不堪此负的黄逸梵于是在张廷重的妹妹将要赴英国留学时，借口小姑子出国需要监护人，与小姑子一起出国。

那一年，31岁的黄逸梵留下的一双儿女不过才三四岁的年纪。

还在咿呀学语的张爱玲和张子静姐弟俩暂时还不理解更多的情绪，她们只是在这四年里日日期盼着母亲的归来。在零星的记忆碎片里，张爱玲因着心中对母亲天然的依赖与仰望，将母亲视为女神，慢慢捱到了8岁，那位记忆中的女神终于结束了四年的欧洲旅居生活，回到了这处萧索的贵族院落。

母亲的回归让张爱玲兴奋不已，黄逸梵也难得地兴致盎然——有愧于让姐弟俩小小年纪便错失母爱，这一次，黄逸梵加倍付出，教张爱玲画画，教她弹钢琴，教她认英文，恨不能将自己学来的全部技艺一股脑儿倾注进女儿的灵魂里。

此时的张爱玲尚不清楚对母亲的眷恋有多深，可在多年以后，博览群书的张爱玲一边评价着老舍众多作品中最出彩的不是《二马》，一边却又认准了《二马》是老舍作品中自己的最爱。只因多年前的某天，母亲曾在自己身侧一边笑，一边读着老舍的《二马》。

她爱的不是一本书，而是这本书与母亲的记忆。

黄逸梵原本意图用自己在英伦修习来的西洋自由，将这深宅中的

陈腐驱逐干净。

可这一切都不过只是幻想。

黄逸梵和张廷重注定无法生活在同一屋檐下，心灰意冷的黄逸梵终于决定离巢，这一次的离去不比上回，不再是短暂地逃离与喘息，而是彻底的永别。

张爱玲原本触手可及的美好，转瞬又随风而逝。

黄逸梵前脚刚离开这个家，父亲张廷重便将堂子里的女人带回了家中，这个屋檐下本就阴冷压抑的气氛中又平添了一重沉闷，失去母爱的孩子尚未来得及消化心中的悲伤，就要强行接受新的家庭、新的生活。

而正处于心理健康需要关照的年龄的小姑娘，内心深处盛满了伤心事，却无处诉说，只剩下无尽的静默。

张爱玲的孤僻，或许便是在此刻萌了芽。

不是救赎,
是未醒的噩梦

当一个家庭决定组建,决定孕育一个新生命时,做出决定的两位大人身上,便不仅仅背负着各自作为一个成年人的责任,还承担着教养那个初来乍到的新生命的责任。一个人的来去固然潇洒,可若这份潇洒中没有丝毫为孩子所作的考量,之于孩子,这便是一场无力转圜的惩罚。

这场对于张爱玲的惩罚进行到她17岁时,向她投下了久违的一束转机。

黄逸梵从国外回来的目的是带张爱玲出国,张廷重虽然不予同意,却敌不过张爱玲对母亲的时时探望。这份无心之举成了埋在父亲心中的暗刺,继母自是更加难以忍受,如鲠在喉。她不禁嘲讽道:"我养着你,你母亲离了婚还要干涉你们家的事。既然放不下这里,为什么不回来?可惜迟了一步,回来只好做姨太太!"

本就对继母心有怨愤的张爱玲对之更恨了几分,叛逆的她变更无

所顾忌地在家里表达对母亲的崇拜。父亲与继母终于忍无可忍,将张爱玲软禁在了阁楼中,禁止任何人与她接触,甚至对她拳脚相加,即使痢疾缠身也不予医治。

不久,张爱玲就迅速找到机会逃离了张府,并向《大美晚报》投了英文稿,将这一遭遇变成了耸动视听的新闻,字里行间满是无法消解的恨意,光是那标题便充斥着强悍的报复色彩:"What a life! What a girl's life!"这股恨意,直到张爱玲后来红极一时也不曾消减,她甚至还忍不住又将被关押的事细细描述了一遍。

长久的折磨后,死里逃生的张爱玲以为奔向母亲的自己可以收获一个美好的未来,却没想到,只不过掉入了另一个难熬的噩梦。

"她教我做饭;用肥皂粉洗衣;练习行路的姿势;看人的眼色;点灯后记得拉上窗帘;照镜子研究面部神态;如果没有幽默天才,千万别说笑话。"

张爱玲在《天才梦》中写到母亲对自己事无巨细的调理,而正是在此时,黄逸梵也赫然发现,自己这个女儿竟是百般不如意,纵使万般调教,也没有半分自己年轻时的样子。

黄逸梵失望至极:"我懊悔从前小心看护你的伤寒症……我宁愿看你死,不愿看你活着使你自己处处受痛苦。"

此时的黄逸梵已经堕入经济困境,对女儿的收留与培育让她不堪重负、口不择言,张爱玲抱着美好的期望与幻想而来,却一点点将自己变得卑微至极……她"为她的脾气磨难着,为自己的忘恩负义磨难着",而被她称作磨难的一切,竟只是因为张爱玲需要读书,需要长大，需要向养育着自己的母亲伸手要钱。

"那些琐碎的难堪，终于一点点毁了我的爱。"

黄逸梵的恨铁不成钢在经济日益捉襟见肘之时，全数转为了刻薄的言语。对于张爱玲来说，再没有任何过分的话，可以比亲生母亲的否定更让敏感的她自卑自惭，而为了能继续求学，每个月向母亲要上课费时，她都不得不忍受母亲的阴阳怪气与越来越暴躁的脾气，这让她更感羞辱与痛苦。

或许正因此，在张爱玲爱上胡兰成后，即便那时的她已经扬名在外，却仍在他面前自卑到"低到尘埃里"。

随后考入港大的张爱玲拼命赚钱，只因她永远忘不了过去月月向母亲伸手要钱时的难堪。可当她赚到钱后去还钱时，黄逸梵却忍不住哭道："就算我不过是个待你好过的人，你也不必对我这样，虎毒不食子。"

这种互相羞辱的状态未能持续太久，某次老师因她学业出色奖励了她800块钱，张爱玲高兴地拿去给无动于衷的母亲看，等她过两天再来拜访时，只听说那钱已经被黄逸梵输在了牌桌上。

与那局牌一同输掉的，还有张爱玲心中本就无甚存续的母女情。

任何感情若不能得到应有的滋养与灌溉，都会被耗尽，日渐干涸，当她日后回忆起自己此时此刻对母亲的感情时，她不过在《流言》中评价道：

"我一直用一种罗曼蒂克的爱，来爱着我的母亲的。飘忽不定的，幻想才最多，美好也才最容易编造。"

　　那曾几何时在她认知中如女神般的母亲，还有这偶像般的母爱，似云烟消散，落地化尘，再也捡不起来。

　　没有什么比击碎信仰更让人痛苦的经历了，张爱玲就这样捧着破碎的信仰将自己孤立为了一座岛屿，自卑也成为了她在触及情感之事时最大的弱点。

「孤独的人有他们自己的泥沼」

在张爱玲的性格养成过程里,她从母亲那里几乎只能感到生疏与冷漠,以及浓浓的不信任,这也使得她自己走向了自我怀疑的偏路。浓重的自我怀疑带来的便是安全感的缺失,于是,在独自探索世界的时光里,她又开始寻觅童年时缺乏的父爱。

自己曾被父亲排斥、嫌恶、殴打,甚至被告知不如去死,一直以来,在张爱玲的内心深处都空缺着父亲这个角色。

张爱玲曾在与苏青聊天时说到自己的婚恋观:

"我一直想着,男人的年龄应当大十岁或是十岁以上,我觉得女人应当天真一点,男人应当有经验一点。"

比之男人与女人的关系,却更像是父亲与女儿的关系。

就这样,年长她14岁的胡兰成走入了她的世界。

胡兰成与她的父亲有着太多的相似之处,长衫大褂,也风流成性:胡兰成在《天地》上遇见张爱玲的《封锁》时,还是一位有妇之

夫，可他的登门拜访却让张爱玲自此沦陷。

在她眼中，和他在一起，"房里有金粉金沙深埋的宁静，外面风雨琳琅，漫山遍野都是今天"。

可胡兰成"愿使岁月静好，现世安稳"的婚礼承诺不过只是一场美好的假象，风流成性的人又如何会真心为一个人永远驻足。与张爱玲的婚姻之路上，他从未停止过性子里的风流，无论是小周，还是范秀美，一路流亡，一路留情，与各种女人交颈而眠，甚至深以为荣，在自己的文集中对每一个女人的真心评头论足。

张爱玲仿佛在重复自己的童年，又仿佛在经历母亲的苦痛。

每个人的童年往往都会投射在自己成年后的生活中，所以我们总时时刻刻在意父母当着孩子面时是怎样的为人处世态度。许多长大后具有严重性格缺陷的成年人，都或多或少地在童年亲历过来自父母的不当刺激。

比如那些拥有家暴倾向的男男女女们，往往在调查他们的过往时便会了解到一段段同样惨烈痛苦的童年回忆。

张爱玲不幸出生在这样的家庭，却又有幸没有成长为同样恶劣的人。她只是走向了另一个难捱的小径——似乎总在试图寻找到一个能在爱这件事上表现完美的"父亲"。

与不懂爱的胡兰成离婚后，张爱玲又与大自己4岁的桑弧投入了一段感情，只可惜，桑弧是一个孤儿，而张爱玲却是这个世界的弃儿，他俩都是小心翼翼却又满心渴望的人，相互取暖尚且勉强，又如何能相守。

第十三章 张爱玲 永恒的孤独

35岁时，张爱玲旅居美国，开启了在异国他乡的孤苦生活，尝试着在郁郁寡欢的心境中坚守自己繁华过后沧海桑田的文学之路。

阴差阳错地，她又在36岁的年龄认识了65岁的德藉剧作家赖雅。

无奈的是，这场婚姻不过只持续了三个月，赖雅便因经济与身体状况的双重重压中风倒床，原本尚好的生活一下子陷入困顿，为了维持生计，张爱玲不得不拼命创作了许多质量不高，只勉强可以发表的作品。

直到1967年赖雅去世，被再一次遗弃的张爱玲便如枯竭的井，再也未能在生活中体会到任何幸运，而她的创作之路也再未能涌出清冽的甘泉。

她应该是清楚的，自己择偶的重复性源于对父爱的渴望，所以才会在小说《心经》里干脆让小寒与父亲相爱——是触目惊心的男女之情。

这般惨烈的感情，的确让人毛骨悚然，却也让人心痛唏嘘。

就像诸多家长总爱在孩子面前念叨自己曾经的梦想，总会不由自主地将孩子往自己曾经想象过的方向培养，甚至不惜一遍遍地向孩子明示暗示，让他们继承自己未实现的梦想，替自己去闯荡那些自己没能进入的世界。

好像一定要看到自己缺失的部分在别人身上实现，才能放下那份执念。

张爱玲似乎固执地想要找到一个完美爱人的"父亲"，只有这样眼见着他去爱人，感受到他的爱，才能让自己暂时忘却童年的不安与

不堪,让自己得到心安。

她说,孤独的人有他们自己的泥沼。

她似乎孤独地失足于自己的泥沼中,这片泥沼有母亲给予她的自卑与不安,也有对父爱的渴望。世人总道她一生孤独,尤其是晚年的独居,仿若自闭在了一个狭小的空间里,却不曾探究过她眼中流露过的对这世间的渴望。

我总觉得张爱玲有着异于常人的坚强,即便父母待她如此,即便胡兰成待她如此,她却仍然没有将自己变成另一个折磨人的"恶魔"。她只是埋首不停地写着什么,似乎手中的墨笔与眼下的稿纸才是她最贴心的伴侣。

写下那些困苦,写下那些渴望,写下那些遗憾……一个个故事,一个个角色,都是她的发泄与控诉,而合上纸笔,她便又是那个孤独的高岭之花。

她并没有真的想要如此孤独,可世人让她不得不孤独。

她也曾在世俗中寻到与自己的心声契合的影子,却无奈**"我们自己的影子——我们只看见自己的脸,苍白,渺小,我们的自私与空虚,我们恬不知耻的愚蠢——谁都像我们一样,然而我们每个人都是孤独的"**。

是她遇见的人们,一步步将她锁在了孤寂的躯壳中。

第十四章
陆小曼
像她这样为爱痴狂

　　有的人，注定会在自己的世界中固执地守着一场从未落地的梦，即便没有人理解，即便所有人都不屑，但只要她自己相信，这便会是一场哪怕耗尽一生、背叛自己，也要固守到底的投诚。

「在主的跟前，爱是唯一的荣光」

曾在读书期间，出于对文人爱情的好奇，我买下了陆小曼以未亡人的身份为徐志摩编纂出版的《爱眉小札》。

翻开它之后却令我有些许的失落，眉，是徐志摩对陆小曼的爱称，这本书承载着徐志摩与陆小曼从暧昧到深爱，最终又归为无奈的点滴私语。他们在书信与日记里尽情抒发着热烈的情愫，那些浓情蜜意的赤诚之词，少年时的我实在是难以读懂，甚至那股恋人间特有的缠绵悱恻，也成了我继续读下去的阻碍。

诸如"这恋爱是大事情，是难事情，是关生死超生死的事情"，又如"恋爱是生命的中心与精华；恋爱的成功是生命的成功"，这类为爱情做的注解太过直接且大胆，让还未明白什么是爱情的我备感尴尬，不忍细读。

可真正长大之后，再细细翻看时，才恍然读出那些殷切言语在表白爱意之余对于爱情的严肃论证。

第十四章 陆小曼 像她这样为爱痴狂

"在主的跟前,爱是唯一的荣光。"

这是徐志摩在《最后的那一天》中写下的心语,仿佛是为往后那本《爱眉小札》做的注,也同样道出了陆小曼对爱情的执念。

在民国那个风云时期,作为名媛中"南唐北陆"的代表,陆小曼也的确有底气做一位将爱视作荣光的女子。那时的陆小曼一心希望自己可以挽着体面的先生会见体面的朋友,既有大把的时间与闲钱可以挥霍,也能从先生身上收获满盈的爱。

她的确爱华贵的服饰、宽敞的住宅,享受他人的瞩目,但更期望一段炽烈的爱情。这在我们大多数人看来略显童话的愿景,对于家世优越的陆小曼而言,却似乎应该没有什么障碍。一如她在《爱眉小札》序中所言,她是一个天性骄慢的人,陆小曼天然地认为自己应得一份让人羡慕又自我满意的生活。

1922年,生活在公主般幻梦中的她,遵从父母的安排嫁给了毕业于西点军校的王赓。

这场婚礼豪华又盛大,到场的朋友们无一例外都是家世显赫的"体面派",身边的新郎看上去也仿佛是位完美丈夫——王赓拥有高圈层的社交圈,既富有文学修养又有军校背景背书,他从航空局委员一路到陆军上校、交通部护路军副司令,再到陆军少将,仕途晋升飞速。

前途无量的王赓几乎可以完美满足那时任何一位女子对丈夫的期望,但陆小曼偏偏不开心。

这场婚姻一切都好,却唯独少了她所执念的热切满盈的爱,这让

陆小曼百无聊赖甚至满心苦楚。对于以真爱为大的陆小曼来说,被彻底剥夺自由恋爱的权利这件事是横亘在心中的一根刺。

她也曾尝试过在这段被包办的婚姻中寻找爱情的香气,但面对陆小曼的邀约王赓常常只是回应一句"我没空,叫志摩陪你玩吧"——王赓专注于自己的事业前程,并没有多余的心思陪着自己的小娇妻体验那些恋爱项目,他对陆小曼唯一的要求便是:做一个好妻子。

实际上,这样的夫妻关系在父母包办的婚姻中实属常见,多数情况下,夫妻二人在长久的相处中往往会发展出如亲人般相濡以沫的亲密关系。这自然有别于陆小曼对真爱的遐想,但并非所有接受父母安排的女子都和陆小曼一样有勇气与底气重视真爱。

绝大多数的女生在这类毫无感情基础的婚姻中,都尽量做到了众人期望的样子——成为一个会按捺住自我情绪,听话又懂事的贤妻。长久以来男尊女卑的思想的确让人备感无奈,可我们也难以对其好坏一言蔽之,一如陆小曼在日记中所言:"她们(母亲)看来夫荣子贵是女人的莫大幸福,个人的喜乐哀怒是不成问题的,所以也难怪她不能明了我的苦楚。"

这些放至如今我们不甚认同的关系,在那时却实实在在是一部分女子心中所认可的幸福,只是这群人中一定没有陆小曼。

在这片令人伤神的苦楚中,陆小曼逐渐因徐志摩那片赤诚的心动了情,久而久之,对真爱渴求许久的陆小曼陷入了与徐志摩的柔情蜜意中。她与徐志摩的往来情书几乎全是些絮叨而肉麻的喋喋倾诉,热烈又直白地吐露着全身心的思念与爱意。

第十四章 陆小曼——像她这样为爱痴狂

她曾毫不避讳地向徐志摩感叹:"只有你,摩!第一个人能从一切的假言假笑中看透我的真心,认识我的苦痛,叫我怎能不从此收起以往的假而真正的给你一片真呢!"

她也曾忧心忡忡地陷入无限感伤:"我真恨,恨天也不怜我,你我已无缘,又何必使我们相见,且相见而又在这个时候,一无办法的时候!"

徐志摩则会在浓烈的爱意之下悉心安抚陆小曼:"世上并不是没有爱,但大多是不纯粹的,有漏洞的,那就不值钱,平常,浅薄。我们是有志气的,决不能放松一些,我们得来一个直纯的榜样。"

他偶尔也会心生胆怯:"眉,我怕,我真怕世界与我们是不能并立的,不是我们把他们打毁,成全我们的话,就是他们打毁我们,逼迫我们死。"

徐志摩怕的不是别的,是害怕不能与陆小曼在一起,是害怕他俩只有赴死才能成全这一片心意。一封封寄来的书信,一笔笔诸如"你的亲摩""摩摩吻你"这些令人备感肉麻的落款,全都饱含着那个人对爱情的展望与保证,这份对真爱的决心与赤诚,像极了陆小曼心中的渴望。

陆小曼与徐志摩各自的第一段婚姻都起于父母之命,不得不说,这四个人都是传统封建礼教下的牺牲品。透过封建礼教看这对情侣多少会显得有些可笑,但这件事又似乎注定会落得这个下场——毕竟这位夫人是陆小曼,毕竟陆小曼遇见的是徐志摩,毕竟"爱是唯一的荣光"。

　　两个人在绯闻闹得满城风雨后，决定彻底斩断上一段缘分，向真爱妥协。在当时"新思想"的影响下，他俩甚至被许多人标榜为了追求自由恋爱的勇士。在如今看来，陆小曼追求真爱的这份热切似乎再寻常不过，但在当时，做出这种选择仍然需要承受巨大的压力。陆小曼无疑是勇敢的，对真爱的执念给了她决意追求浪漫的热情，也给了她将包办婚姻抛之于脑后的勇气。

　　取得二人原配丈夫与发妻的同意倒不算太难，最难过的是她与徐志摩的父母关，不仅陆小曼的母亲吴曼华极力反对，徐志摩的父亲徐申如也毫不松口。好在胡适等人一直于双方长辈间多次斡旋，陆小曼与徐志摩才能得偿所愿，撇开梁启超于婚礼上大骂新人的"证婚词闹剧"，属于他俩的婚礼还算是惬意和谐。

　　而最让人心生动容的，却是未出席的王赓为陆小曼送来的贺帖，那是他亲笔所书的七个字：苦尽甘来方知味。

　　陆小曼的爱情观无疑是超前的，在她眼中，没有先来后到，先来的若是不被钟爱的人，即便他早早地出现了，也属于爱情道上的第三者；但在王赓的心里，或许成婚的那天便是爱情预备萌芽的时刻。

　　他没有那么执着地尝试论证自己人生中应该遇见一段什么样的爱情，随遇而安，或者一眼万年，这种温和的爱意或许不如独自寻找契合的灵魂来得炽烈、刺激，但也同样拥有绵长的力量。王赓理解陆小曼的选择，他明白自己不能为陆小曼带来她最想要的，她跟在自己身边是苦涩，可走向徐志摩便是甘甜。如今的结果对于陆小曼而言终于苦尽甘来，她可以彻底放宽心去品尝爱情的滋味。

他终于懂了她，却是不得不放手的时候。

这种慢热温吞的爱意，的确难以与陆小曼这样的人擦出让人着迷的火花。她从始至终都是那个满脑子天马行空的名媛大小姐，渴望着收获一束如火焰般炽烈的爱情玫瑰，不甘于忍受委屈。不仅仅是她，在面对爱情时，谁的本能不是寻找另一半与自己契合的灵魂呢？即便平凡如我们，也总是执着于遇见一位见之如故、相谈甚欢的爱人，谁也不会甘心将自己的余生交付到一个"谈不来、不合适"的人手中。

陆小曼想要的滚烫感情，注定只有写出"主的面前，爱是唯一的荣光"的徐志摩才能为之拱手献上。

小姐性子 大有所用的

陆小曼生来大小姐的骄慢性子,不只是用在了感情这件事上,她的小骄傲自小便刻在骨子里。这位在名媛才女层出不穷的年代里艳丽明媚了十里洋场的女子,早在绯闻之前,便怀持着"北陆"的名头。

她的骄傲,源自于全方位的优秀。

一名女子要想成为那个时代的名媛,总离不开名门的身世,家人的娇宠与优质的教育,陆小曼自然也不例外。这位眉目生娇、皮肤白皙的姑娘自幼便按照标准的"名媛范"培养长大,钢琴、油画这样的"洋把戏"信手拈来,国画、昆曲这样的传统技艺也不在话下。

善戏剧,懂创作,不光古文功底深厚,还能随意用英文、法文与人沟通,甚至拿捏起皮黄①也能做到"离形而取意,得意而忘形"……如此多才又机灵的小姑娘自然讨人喜欢,而她最有别于旁人

---

① 京剧别称。

第十四章 陆小曼 像她这样为爱痴狂

的特质，便是中式的写意细腻与西式的浪漫旷达都完美融合在她的艺术灵魂中。

在周围人仰慕又难免嫉妒的注目下，陆小曼自然而然地成为了人群中最耀眼的存在，是众人口中的"校园皇后"，无论行至何处，总有人跟从、探看，这种状态养出了她的光彩，也养出了她的骄慢。

1920年，在不少人刚开始考虑自己人生前程的十七八岁，她已被北洋政府的外交总长顾维钧邀请去了外交部实习。

在外交部实习的这三年，是她这一身机灵与小骄傲得到最充分发挥的时光，也是陆小曼一生中最光彩照人的三年。若说不俗的才能是她得以胜任外交部工作的根本，那她身上那股多面玲珑的机灵感，便是助她成为外交部社交明星的最佳辅助。

胡适曾说，陆小曼是旧北京一道不可不看的风景，北京城也确实该庆幸拥有过陆小曼这样的女子。当年的中国不比现在，外交部许多时候都要在工作交流中忍受外国人丝毫不加掩饰的傲慢与偏见，出言不逊几乎是外国人在中国的常态——不回击是默认了这份轻蔑，回击不当往往又容易落人话柄，引发冲突。

但对于这个难题，机警又爱国的陆小曼送上了处处高能的答案。

有一次，法国的霞飞将军访问中国，在检阅仪仗队时发现队伍中的军人们动作并不整齐，军事素养极高的霞飞难以容忍地随意奚落道："你们中国的练兵方法大概与世界各国都不相同吧！"

这位将军虽然高傲，论起业务却是闻名世界的实力派。可是这位大小姐不甘就此认输，反而微笑着用法语轻松答道："哦，没什么不

同,全因为您是当今世界上有名的英雄,大家见到您不由得激动,所以动作无法整齐。"

寥寥数语,陆小曼便轻松挽回了中国军人的面子。霞飞将军意外且欣喜于中国人对自己的热情欢迎,一时忘记了自己对无章步伐的在意,不仅对身边这位娇小的女翻译刮目相看,还不由得对中国心生好感。

陆小曼面对外宾的傲慢也不是全然以"马屁"解难,对于一些无理的吹毛求疵,她也会回敬一个大国应有的脾气。

某次陆小曼陪同外宾们观看国粹演出,有对这种艺术形式难以欣赏的外宾毫不留情地无礼质问:"如此糟糕的表演,怎么可以搬上舞台?"

嘲讽国粹,不仅令热爱戏曲的陆小曼本人愤懑不平,也是对中国的大失礼,但机敏的陆小曼不怒反笑:"这些都是我们国家的特色节目,只是你们看不懂而已。"

又是在一次节日聚会的晚宴上,几位洋痞子为了一时的取乐,用手中未灭的烟头去烫中国孩子身边的气球,突如其来的"砰砰"爆炸声将几位中国孩子吓得惊叫大哭,一时难停。肇事者不怀好意地哂笑:"中国孩子就是胆小。"

这些外宾幼稚又低劣的心思陆小曼心知肚明,虽然气愤,却不便正面直接责难开怼。于是她也拿起香烟将外国孩子身边的气球一一烫爆,被"噼啪"声吓到的外国孩子们同样哭闹不止。

陆小曼捏着香烟,优雅地莞尔道:"外国孩子胆子也很小。"

第十四章 陆小曼像她这样为爱痴狂

这般才华横溢又俏丽机敏的陆小曼，理所当然地成为了外交部的社交明星，她在外交舞台上不卑不亢的态度引得众人频频侧目又心悦诚服。鲜少有人可以在此类场面下始终保持游刃有余的状态，但偏偏陆小曼可以如此滴水不漏地顾全情面。

如此妙人，就连有着"民国第一外交家"之称的顾维钧也忍不住在陆定面前直言夸赞："陆建三的面孔一点儿也不聪明，可是他女儿陆小曼小姐却是那样漂亮、聪慧。"

也许我们难以设身处地地想象陆小曼这样的外交人员每日会顶着怎样的压力，毕竟在如今的年代，国庆大阅兵时的方阵正步已经成为了国家名片一般的存在，每一次的展示总会引得海内外众人感叹"复制粘贴"一般的养眼舒适；而国粹，也早已受到了全世界的认可与喜爱，戏曲相关的各类元素已然能自豪地在国门之外代表我们的文化，甚至有尤其钟爱京剧的外国人不远万里来到中国拜师学艺，唱念做打样样不落……

远不止这些，我们能挺胸自豪的东西越来越多，我们能接触到的外宾也日渐友好，这份在我们眼中"与世俱来"的自信，在彼时的民国，却是众人苦苦期望的宽待。

在那时，爱国不难，但要秉持着一颗不卑不亢的心，直面那些出言不逊、满眼轻蔑的外人，在重重质疑与奚落轻视下仍然昂首展露自信，将大国的仪态端端正正地摆在众人面前……这绝非一件易事。

但偏偏，陆小曼可以。

她的自信与骄慢，恰巧成就了她在外交场上的风采。这样一个女

子虽然有大小姐的性子,可就像她在个人技能上中西合璧的矛盾体质一样,她同样明白该如何负重去爱国家。

骄傲若是拿住了度,用对了地方,那便会于众人面前留下引人称赞的妙语连珠。外交场中的陆小曼身上,最亮眼的不是那**"晴光里荡起,心泉的秘密"**[①]似的貌,也不是那**"中国文艺界的普罗米修斯"**[②]般的才能,而是她身上在此间大有所用的小姐性子——不服输、恰到好处的高傲,又透着一点点的偏执。

或许是在外交场上将这股性子拿捏得恰到好处,陆小曼体内更任性的态度始终在得体的克制下无处安置。大概被宠爱的人的确是有恃无恐的,为爱痴狂的陆小曼在费尽周折终于将真爱拥入怀后,体内孩子般不成熟的大小姐性子,便如解开了封印一般,一丝不落地挥霍在她与徐志摩的婚姻生活中。

可令陆小曼未曾想到的是,放纵了自己不成熟的天性,并不一定代表着完美生活,它也可能会是刺向爱人的匕首。

---

① 徐志摩评:"她一双眼睛也在说话,晴光里荡起,心泉的秘密。"
② 郁达夫评:"陆小曼是一位曾振动20世纪20年代中国文艺界的普罗米修斯。"

第十四章 陆小曼 像她这样为爱痴狂

被偏爱的总有恃无恐

叁

如我所言,陆小曼是一个视真爱为大的女子,她的确出身名媛且才华横溢、独具天赋,但她又似乎游离于这一圈层:她没有像林徽因一样在爱情之余还上进求学,一心想要为社会、为文明作出什么伟大贡献;她也没有如萧红一般在情意徘徊间仍致力创作,为文艺事业倾尽自己的天赋与能力。

她最大的渴望便是可以在理想中的真爱下尽情享受生活,王赓可以为她提供无忧享乐的生活,但给不了她最想要的爱情,可她选择了爱情之后,却也未必收获了幸福。

陆小曼知道如何追求爱情,知道如何人间享乐,可唯独不懂得如何经营婚姻。与徐志摩结婚后,她一如既往地呼朋唤友出入各种场合,吃喝玩乐一样不落,但对于另一半的吃穿用度,她却无心在意。

一如所有小夫妻间会有的斗嘴常态,陆小曼与徐志摩也无法避免。一些原本鸡毛蒜皮的小事放在夫妻关系之下时,常常便不能以正

常的交际规则去评定双方的态度与行为。谁都希望自己可以从对方那里享受一点点无视对错、无视平衡、无视回报的偏心与忍让。若这待遇与心中的预期起了偏差，便会认为对方"不够爱了"，认为自己受了天大的委屈。

所谓"清官难断家务事"，这份外人无以插手的"难"，难便难在它永远无法据理评判。平常夫妻已是如此，陆小曼与徐志摩这一对璧人自然更是不同，陆小曼不仅性情倔，脾气娇，最不一般的还数她口条好，加上在外交场历经了三年磨炼，脾气上来时字字不饶人。

当徐志摩无奈埋怨："我家真算糊涂，我的衣服一共能有几件？你自己老爷的衣服，劳驾得照管一下。"

陆小曼便言辞锋利地回击道："上海房子小又乱地方又下流，人又不可取，还有何可留恋呢！来去请便吧，浊地本留不得雅士，夫复何言！"

她这一身锋芒用在夫妻斗嘴上时，属实毫不收敛含糊。

但徐志摩对陆小曼的宠溺与包容几乎做到了极致，不仅处处迁就，面对她的缺点与二人生活中的分歧，徐志摩总在信中循循劝诫，从不用什么严厉的话语，几乎全是好言好语的哄劝。为了满足陆小曼奢华的生活需求，徐志摩不辞辛劳地同时在东吴大学、光华大学、大夏大学三所大学任教，课余也投入了大量时间赚取稿费。

按理说，有一位体贴妻子，懂得容忍，又努力养家的丈夫，妻子大概本不需要再多付出什么，只要稍微给予丈夫些许体贴，便能收获美满的二人关系。

第十四章 陆小曼 像她这样为爱痴狂

但陆小曼偏偏耽于徐志摩的偏爱，有恃无恐地肆意任性，婚姻初时，陆小曼便曾无视徐志摩父母，要求徐志摩抱她上楼，仿若强要这对不同意这门婚事的老人承认她的幸福。甚至于当着张幼仪的面对徐志摩万般娇态，一口一声亲昵至极的"摩摩"——那可是徐志摩父母为徐志摩挑选的发妻，是徐家上下最认可的亲人。

在上海的陆小曼更是无所顾虑。她爱吃水果，为了能让自己的爱妻时时刻刻都能享受新鲜口味，徐志摩甚至在水果稀少的大冬天也仍然会十几样不重复地为她在各处淘换；她不太喜欢北京的气候，也离不开一同游戏人间的同伴，于是即便徐志摩去北京任教后，她们的家也仍然留在上海，几乎将时间都花在赚钱上的徐志摩不得不北京上海两边跑。

即便如此，赚取的费用仍然远远不够陆小曼的花销，徐家早因对陆小曼的不满与这对夫妻划清界限，陆家在此时也已经破产无力帮扶，可陆小曼大手大脚的花钱习惯毫无改善：住着小洋楼，使唤着众多仆人，甚至旧病复发之余又沾染上了鸦片。

这仿佛是个无底洞，无奈之下，徐志摩只好应下胡适的邀请，辞去已有的职务，启程去北京担任北京大学与北京女子师范大学的教授。也许爱情的确可以激发人的极限潜力，在彼时人均年薪五块大洋的时代，徐志摩凭借自己的力量，一年便能赚得几百大洋，已然是那时极会挣钱的文人。

此等收入，原本可以供这对小夫妻在上海过上宽裕的生活，可陆小曼丝毫不懂得如何经营家庭。终于，在她声色犬马的生活中，时光

走到了不愿再等她的那一步。

好友王映霞在《我与陆小曼》中细细描述了徐志摩与陆小曼之间的最后一场争吵,那时徐志摩正要离开上海北上,而吵架的起因却是徐志摩早在过往书信中对陆小曼多相哄劝的戒鸦片一事:

"达夫告诉我志摩离上海那天与小曼吵架的情景。徐苦口婆心地劝小曼戒鸦片,'眉,我爱你,深深地爱着你,所以劝你把鸦片戒掉,这对你身体有害。现在你瘦成什么样子,我看了,真伤心得很,我的眉啊!'小曼听了,大发雷霆,随手把烟枪往志摩的脸上掷去。志摩赶快躲开,金丝眼镜掉在地上,玻璃碎了。他一怒之下,离开上海到了南京,又搭班机北上。"

陆小曼没有想到,在这番争执中,自己不仅是多年来第一次注意到徐志摩裤子上的破洞,也是此生最后一次看到徐志摩本不应有的落魄之态。

1931年11月19日,徐志摩遭遇空难,生命终结在35岁。

如果不是徐志摩的心中都装着这位任性的妻子,他也不会为了节省用度选择搭乘这班免费航班,这场爱情或许不会以这种方式匆匆收场。

不知道多少人经历过一转身便是一辈子再难相见的凄凉,我也曾因为要争一时的口舌之快,将决不低头的骄傲横在了我与爱人之间。气愤之时总认为合该对方来向我示弱,向我求和,而我就应该是那个被当做公主宠上天的孩子,不论再怎么吵闹,只要他还爱我,就一定会回到我的身边。

第十四章 陆小曼 像她这样为爱痴狂

可事实上,并非所有的任性都能在爱的加持下被接受,没有任何一种包容生来无限。或许那时他心中所想也是如此,也在期待我的低头,也在期望从我这里得到一次不计较理由与源头的"赦免"。

我们在心中认定的特权,有时候就像长刺的匕首,刺向对方后在心中留下的伤痛,远比表面看来的更血淋淋。

我虽然也曾有过这般在爱情中有恃无恐的任性,却好在,我与当初的爱人只是在那天之后错过了彼此的人生,可我们都还有自己的人生可以重新书写。

但陆小曼与徐志摩却不同,这一别,徐志摩的一切便永远停留在了那个微凉的秋末,也改变了陆小曼的一切。

大多数人提起这段往事,只道徐志摩是为了去看林徽因的演讲才不幸出事,却没有多少人在意,徐志摩辞世时现场唯一的遗物便是陆小曼亲笔画的一幅山水画长卷。他将长卷随身携带,小心翼翼地收纳在铁箧中——徐志摩原本预备在北京请人为画卷题跋,甚至因为保护得悉心,这幅手卷在空难中没有受一点损伤。

他在人生的最后时刻还在体贴自己的爱人。

陆小曼怎么也没有想到,自己只是如曾经许多次一样,行使着自己完美爱情中的任性特权,却从此将两个人的命运推上了令人扼腕的轨道。她将传递噩耗的人拒之门外,似乎这样就能让悲剧退出两个人的世界,但周围的人没有给她幻想的机会,徐志摩的父亲、前妻,甚至二人相熟的众多友人……接踵而至的怪罪与责难如山洪般顷刻而至,她跌坐在冰冷的泥泞中,寸步难行。

她被指认为害死徐志摩的凶手,这一次,伶牙俐齿了小半辈子的陆小曼蓦然低头无言。

忽然间,陆小曼仿佛变了一个人,热衷交际的她闭门谢客,不再流连于那些游乐场所,往后的半生岁月里,她的眼中便只装得下徐志摩的各种文稿。再提起笔时,不是在编撰与之相关的文集,便是绘下自己的百般心绪。

《云游》《爱眉小札》《志摩日记》《徐志摩诗选》……陆小曼花了三四十年的时间将自己溺在徐志摩的文思中,每一次写序都像是在心上划下痕迹,一次次的落笔苦涩又甜蜜。

众人怨她,气她,恨她,却也在时光荏苒中淡忘了他。

只剩下陆小曼一个人,留在徐志摩用文字圈画出的世界里爱他。

当她往返于出版社与住处,一次次地反复体会希望后的失望时,不知道是不是终于对徐志摩生前的百般迁就与体贴感同身受——他也曾在每一封书信、每一次对话中对自己抱有向好的期望,但自己却一次次毫不留情地击碎,让他的愿望成了可笑的幻想。

悉心关注着志摩文集出版消息的陆小曼,终于学会了将一件事时时刻刻地放在心上,学会了如何用真挚的心回馈一份感情,可这一刻的成长来得太迟了,连她自己也后悔这一切的迟到,但所有的一切都只能蜷缩在一副挽联中:

多少前尘成噩梦,五载哀欢,匆匆永诀,天道复奚论,欲死未能因母老。

万千别恨向谁言,一身愁病,渺渺离魂,人间应不久,遗文编就

第十四章 陆小曼 像她这样为爱痴狂

答君心。

人生总能遇到一些事，令人悔不当初，可即便流尽了泪也无力挽回，我们用余生去弥补，去忏悔，却只能是反反复复地揭开自己的伤口。

如果我们在一开始就能更认真点，更用心点，更成熟点，也许我们便不会在夜深人静时懊恼这世间没有后悔药——可人生又哪里来的如果呢？我们注定要为自己不成熟的任性，付出足以铭记余生的代价。

晚熟的陆小曼不再风光，她的眼中一片素色，不过40岁的年纪，便"把自己糟蹋得厉害，牙齿全部脱落，没有镶过一只，已经成为一个骨瘦如柴的小老太婆了"①。她不再固执身边必须是真爱的相伴，无力独自生活的她，陪伴着对她关爱备至的翁瑞午，同居了将近三十年。

她几乎背叛了自己曾经全部的理想，可唯独有一处不愿再做退让。

"只有感情，没有爱情。"

这是她对翁瑞午的表白，也是她对徐志摩的承诺，她用陪伴回报了自己人生中的最后一份关爱，却无法再给出半分自己的真心。

去世的时候，这位63岁的小老太太，唯一的遗愿便是与徐志摩合葬，仿佛孩童在乖乖听话后，总爱向亲近之人讨得一份奖赏。

她该是知道这个遗愿有多难实现的，也不可能全然记不起人生最

---

① 王映霞回忆。

后这段路是如何走来。但陆小曼欺骗不了自己,旁人不理解她后半生这份古怪又偏执的矛盾选择,可她生来便是为爱痴狂的人,在生命的终点上,又怎能忍住这最后一次痴狂呢?

曾于某个闲时,陆小曼回忆起与徐志摩初识的日子。

"……一直到无意间认识了志摩,叫他那双放射神辉的眼睛照彻了我内心的肺腑,认明了我的隐痛,更用真挚的感情劝我不要再在骗人欺己中偷活,不要自己毁灭前程……"①

这是陆小曼此生第一次,也是最后一次投诚。

---

① 《爱眉小札》序,陆小曼作。

第十五章 三毛 不要问她从哪里来

不要问我从哪里来/我的故乡在远方

为什么流浪/流浪远方流浪

为了天空飞翔的小鸟/为了山间轻流的小溪/为了宽阔的草原/流浪远方流浪

流浪 等一个人陪她

当三毛将自己流浪旅程的指针对准西班牙时，一个用尽一生洒脱流浪的灵魂便已在她体内破茧。

三毛，听名字便仿佛能读透她的灵魂，一个恃才放旷的浪漫文艺女，给自己取的笔名既不春花秋月，也不文雅柔情，而是"想到自己只是一个小人物"，便干脆唤自己为三毛，也因为那让自己爱不释手的《三毛流浪记》，便干脆也随了那流浪的性子。

平凡简单，热情流浪，是她为自己人生做出的最美规划。流浪的伊始是为了"追星"——她实在爱极了毕加索，那在抽象主义下肆意张扬的唯美画风是她情之所向。

心念一起，她便已经踏上了奔赴毕加索故乡西班牙学画的求学之旅。可她去学画也并不是为了成为如毕加索般的大画家，她只是一时心念意动，想要去亲近亲近自己倾心的那个悠久灵魂，想要像他一样无拘无束地肆意用线条勾勒出自己的一个个迷梦。

第十五章 三毛不要问她从哪里来

想要什么便去做什么，这样自由的灵魂与躯壳，是我们既向往无比，却又常常望而却步的人生节奏。我们都想要成为那般肆意解放的样子，可数不清的顾虑让我们始终困步在模式化的人生进程中——什么最重要，什么阶段该去做什么，达到如何才是完美……

似乎我们只有达成这俗世对我们的每一场期待，才能真正证明自己于世的价值，才能让自己松掉那一口众目睽睽下的"气压"。

但三毛却不必，她不必也不会如此。她浪漫不羁，追求自在，对亲近大自然有一种天生的执着本性。她就像武侠小说里潇洒倜傥的豪侠，即便引得所有正道皱眉，也要打翻陈规与利禄枷锁闯荡江湖。

她的梦想一如她的人与文字一般透着天马行空式的浪漫：她可以脱口而出想要做一个拾荒者，**拾荒可以呼吸新鲜的空气，又可以大街小巷的游走玩耍，一面工作一面游戏**，这不失孩童般稚气的宣言，他人眼中的漫不经心，却已然是她忠于自己的深思熟虑。

西班牙的求学之旅没有让她梦见心心念念的毕加索，却让她遇见了那个在往后的流浪岁月中得以"随身携带"的温暖港湾。

遇见荷西的时候，他还是一名高中生，而三毛已经坐在大学三年级的课堂里。

8岁的年龄差就像一道难以逾越的"鸿沟"横在两个人之间，她的确随性又自由，可她面对向自己展开强烈攻势的荷西，无论如何也下不了伸手的决心——她注定会是流浪的一世，可荷西的人生却才刚刚开始，她如何忍心让这个眼中闪烁着纯净与赤诚光热的大男孩，同自己一起奔向拾荒般的旅途呢？

我生君未生，君生我已老。

三毛一次次地对逃课来看她的荷西下着"逐客令"，可他却依旧一脸认真地问："你再等我六年，让我念四年大学，服兵役两年，六年一过我就娶你，好吗？"

六年，人心善变，世事无常，于三毛而言，这六年不过须臾转瞬，但于他而言，这六年或许便是一个世界的轮回。谁又能保证这六年不会是一场望穿秋水的等待呢？

而三毛就像是《阿飞正传》中的无脚鸟，没有暂停旅途就地停歇的资格，这一生只有生命终结的那一刻才是她可以停靠的时刻。

她便彻底又干脆地拒绝了他："你以后不要再来找我了。"

在那一年极少飘雪的马德里，不知道是上苍感知到了谁的心绪，破天荒地将天地染成了一片雪白，荷西在大雪中含泪挥手，一遍遍动情地喊着："Echo①，再见！再见，Echo！"

她差点忍不住反悔。

往后的岁月里，三毛与荷西天涯离散，各自在人生的轨道上风雨飘零。大学毕业后的三毛开始了无脚鸟的旅程，漫游欧美的期间，她肆意领略着世界的美好，也从一个个恋人身上获取爱的力量：她曾在西班牙期间结识一名日裔富商同学，也曾在德国期间迷恋一名后来成为外交官的德裔同学，在美国的时候，又与一名台湾籍留美博士生相识相知……

---

① 三毛英文名。

第十五章 三毛 不要问她从哪里来

可所有这些人带给她的温暖,全都无疾而终。

1972年,三毛满怀憧憬地接受了结识于网球场的一位德国教师的求婚,她爱他的博学多才,迷恋他入骨的学者风范,更醉心于他对自己极致的爱。但他却在两人结婚前夕因心脏病突发猝死在她的怀中。

红事变白事,一如晴天霹雳,她转瞬间便从天堂跌入地狱,她想在安眠药的作用下随他而去,却又被及时抢救了过来,站在茫茫的世界中间,万念俱灰地做那个断肠人。她的确爱过许多人,可又似只爱过一个人——每一次的心心念念,她都全心全意。

这也让尝透情动的她更加渴望一个专注怀抱。

多少人在一次次的失望与伤痛中心有余悸,从此选择了"将就",我们的拘谨与无论如何也不愿意承认的懦弱,常常封住了我们挚守爱情的决心,于是将我们永远地困在遗憾里。

正因为三毛的随性自由,一遍遍的情殇虽也曾将她打击得体无完肤,却也并未彻底消耗掉她的憧憬与善意:被救醒的她知道自己还没遇到那个人,依旧能重拾起曾经对未来可能出现惊喜的期待。

满身是伤的她舔舐着伤口回到了流浪启程的故地,一切从这里开始,一切又似乎从这里脱轨,她想要迎接一个新的开始,以自己最初的模样。此时的三毛依旧不会困住自己,她这只无脚鸟还在飞,还在搜寻那个可以陪她一起流浪的温暖怀抱。

再一次踏上西班牙熟悉的小径时,恰好距离荷西信誓旦旦的那个六年之约还剩最后一年。

她曾经以为这六年于自己不过倏忽,于荷西是一个没有回首的轮

回,却不想这短短几年的兜兜转转,自己却像苦历了一个生命的轮回,从没有结果的终点再次回到了重新期待的起点——而荷西却如时间不曾汩汩而过,揣着从未变更的一腔热血在原地守望。

荷西曾为她寄来一封滚烫的表白信:

过了这么多年,也许你已经忘记了西班牙文,可是我要告诉你一个秘密,在我18岁那个下雪的晚上,你告诉我,你不再见我了,你知道那个少年伏枕流了一夜的泪,想要自杀?这么多年来,你还记得我吗?我和你约的期限是六年。

自己曾坚信这不过是会被时间磨平的激荡情愫,未做期盼,却不承想,这份激荡被荷西小心呵护出了异常持久的温度。

回到西班牙后,她回了一封简单的信:

荷西,我回来了,我是Echo。

她满怀期盼,却也无比忐忑,当荷西终于将三毛圈入自己温暖的怀抱时,三毛已泣不成声:"如果那时你坚持要我的话,我还是一个好好的人,今天回来,心已经碎了!"

褪尽青涩的荷西异常俊朗挺拔,他拦腰抱起了正拖着曳地长裙的三毛幸福地兜着圈子,长长的裙摆肆意翻飞,就像是他此刻雀跃的心情。

"碎了的心可以用胶水把它黏起来。"荷西温柔地安抚道。

"黏过后,还是有缝的。"

三毛也不明白自己突然的怯懦与不自信源自何处,似乎在面对荷西时,三毛总是不由自主地放下了洒脱。

第十五章 三毛 不要问她从哪里来

荷西笑了笑,将三毛的手贴上自己的胸口:"这边还有一颗,是黄金做的,把你那颗拿过来,我们交换一下吧。"

三毛就此彻底沦陷在这个温暖的怀抱里。

她虽然不拘小节,却从未轻视荷西珍贵的心意。荷西曾问她想要嫁给一个怎样的人,她不假思索道:"**看顺眼的,千万富翁也嫁;看不顺眼的,亿万富翁也嫁。**"

随口的揶揄透着玩笑得逗的戏谑,却转眼便在看到黯然神伤的荷西时不禁软了言语:"也有例外。"

荷西红了脸,双眸中满是闪烁的期盼:"那你要是嫁给我呢?"

"要是你的话,只要够吃饭的钱就够了。"

"那你吃得多吗?"

"不多不多,以后还可以少吃点。"

这样甜而不腻的表白被三毛悉数记录在了自己的文章里,荷西是她此生最大的例外,也是她此生书不尽的情怀。她没有什么贪婪的想法,只要能与他在这世间相拥便足矣;可她又似乎极为贪心,想要拥有他最倾尽全力的爱护:"如果你给我的,和你给别人的是一样的,那我就不要了。"

我们必须是彼此的不可代替,当一个随风飘摇的流浪者向你发出一起流浪的邀请,这一定是她最诚挚的剖心。

荷西又怎能不明白,于是,原本职业是潜水工程师的荷西,为了圆三毛的沙漠梦,宁愿放弃自己的爱好与事业,毅然陪伴三毛来到了她一直神往的撒哈拉。

　　1973年的夏季，他们在7月的撒哈拉小镇阿尤恩举办了简单的婚礼仪式。她穿着再休闲不过的破洞牛仔裤，披着一件白色的纱巾，将此生最神圣的承诺许给了荷西。甚至在礼仪过程中她还在嫌弃牧师的啰唆，自己匆匆加快了进程，一心只惦记着赶紧结束这一切，然后可以立马开车去沙漠里玩。

　　这如孩童般烂漫的三毛，让荷西时时刻刻心动。

　　他知道相比精湛的小物件，三毛更爱收藏原始、粗犷的礼物，所以新婚的礼物他为她准备了一副骆驼的头骨——这是他在沙漠中亲自找到的一副完整头骨，为了找到它几乎快要在沙漠中走死。

　　她喜不胜收，如获至宝不断念叨着"真豪华"！

　　在三毛看来，这是最好的结婚礼物。

　　三毛在甜蜜的流浪中时时刻刻记录着与荷西的点点滴滴：他称自己"撒哈拉之心"，这是她此生最爱的名字；他们无视生活的清寒贫瘠，在力所能及的范围内发挥自己最大的想象力装饰着小小的蜗居；他们为邻居们送药治病，也用父母寄来的台湾特产果腹充饥……

　　她真的如婚前那场对话一般，只要有荷西在身边，她能吃饱便是富足的。

　　彼此需索的烟火相伴中，她曾经人生所历的那些阴霾被荷西一点点驱散，那些大漠中的风情文化、邻间趣谈，尤其是夫妻俩的斗嘴与表白，被她用妙趣横生的笔墨记录在稿纸上，最终汇聚成《撒哈拉的故事》。

　　这是她人生中的第一本书，她因此一举成名。

第十五章 三毛不要问她从哪里来

被海水融化的甜蜜

在这说短也长,说长也匆匆即逝的六年间,三毛的《雨季不再来》《稻草人手记》《哭泣的骆驼》《温柔的夜》相继问世,忠贞爱情的滋润激发了她体内文学创作的天赋因子,一时间,由三毛主导的"流浪文学"风靡整个华人世界。

文学艺术史上,那些男艺术家们总爱称给予他们创作灵感的女性为灵感缪斯,以此看来,荷西便是三毛创作历程上无可厚非的"缪斯"。我们总爱讨论说,一段积极、优质的感情一定是会让人成长与进步的,当一个人对你的影响积极向上时,这份感情于你而言必定是人生中熠熠生辉的珍宝。

三毛差一点在流浪之路上错过她人生的珍宝,好在她及时回身把握住了这份深情的等待。

可她没想到的是,有些事情即便自己在努力地抓住与珍惜,还是有可能会如指间沙一般匆匆流逝,没有一点点挽回的机会。

1979年9月，三毛的父母到欧洲旅行时特地绕道来小岛看望这对甜蜜的小夫妻，一大家人在一起的和谐，让三毛感受到了极大的满足与幸福，离开时三毛提出陪伴父母二人到伦敦去坐飞机，等将父母安置妥当她就会回来和荷西继续独享二人的流浪甜蜜。

荷西将三毛和二位老人送至机场，边核对登机前的细节，边和二老约定接下来抽空去台湾拜访的日子，一切都只是一场再常见不过的道别，简单到挥手作别后大家甚至都不会特意再回头多看两眼。

而两天后，9月30日，那场告别却骤然成为了诀别——荷西在潜水时意外溺亡。

当初那让人不抱期望的六年之约，三毛都能在跑遍半个地球后重新牵起原地等候的那双手，可如今，不过才将将两个昼夜，她与荷西便已是阴阳永隔。

荷西遇难的那天正逢中秋佳节，三毛无缘无故地忽然心神不宁，心脏绞痛，当晚便接到了长途电话。

"是不是荷西死了？"

她语气诡异却又冷静得可怕，就像是与荷西有着奇妙的心电感应一般，提前在心里被通知了噩耗。

匆匆赶回的三毛不吃不喝地在停尸房里守了三天三夜，那时的她仿佛陷入了半疯的状态，一会儿痴笑一会儿悲恸，言语机械地对荷西喃喃道："你不要害怕，一直往前走，你会看到黑暗的隧道，走过去就是白光，那是神灵来接你了。我现在有父母在，不能跟你走，你先去等我。"

三毛在回忆录中说，在她碎碎念完这些后，看到荷西的眼睛流出了血。

与三毛做了二十多年朋友的琼瑶在荷西出事后特意打来越洋电话，耐心地和三毛细细谈了七个多小时。她太担心这个看似自由不羁，却在某些事情上拗得异常刚烈的女人。上一次她因爱人骤然离世而选择自杀，大家能及时将她救回实在是天大的幸运，如今再次发生相同的事情，她们实在不敢再去挑战这样的冒险。

大多数时候坚强到让人钦佩的三毛，有时脆弱起来却也是让人极为心疼。

3岁时，三毛便开启了自己的阅读生活，从此沉迷古今中外的文学作品无法自拔，以致于一直到初二那年，学习成绩都一塌糊涂。

父母实在担心她这种不良的学习状态，便对她提出了严重警告，乖巧懂事的三毛为了对得起父母，勉强收心，开始对老师讲解的知识点死记硬背，成绩一时间有了显著提升，甚至拿下了三次数学小考的满分。

还没来得及开心，三毛便先遭到了数学老师的怀疑，三毛心有不满，对数学老师说道："作弊，在我的品格上来说是不可能的。就算你是老师，也不能这样侮辱我。"

没想到这样的态度彻底激怒了数学老师，仗着自己老师的身份，数学老师为三毛出了一张知识点完全超前的试卷让她当场完成，结果

自然是不言而喻。数学老师又当着全班同学的面,用墨汁在三毛脸上花了两个大"鸭蛋",还让她在全班同学的注目与哄堂大笑下在走廊上走了一个来回。

这样的体罚对三毛的自尊心造成了极大的打击,留下了难以磨灭也无法挽回的心理阴影。在这之后的七年间,她从逃课到休学,最终自闭在家,将一个女孩原本生命中最该快乐无忧的七年无奈挥霍在了无尽的沉默中,将心灵关在了门后。

多亏了三毛父母的包容,也幸得顾福生老师天天年年的陪伴与认可,那个一靠近学校就会两眼一黑晕过去的小女孩,终于重新打开心灵的枷锁走了出去。

这是宛若监禁的七年,因为这个受到伤害的女孩是三毛,所以被我们广为所知。任何时候,我们都不应该小瞧沟通中的言语暴力与侮辱性体罚,尤其是在面对心智尚未成熟的孩子们时,我们为泄一时的私愤向孩子们递出的,往往不仅不会是积极的鞭策,反而会成为向孩子心头扎去的锋刃。

此时此刻面对荷西之死的三毛,也多亏还能有老友琼瑶的安抚陪伴,琼瑶了解三毛一诺千金,便反复劝导着三毛,直到三毛答应她绝不自杀。

她放心不下年迈的父母,她也无法背叛对好友的承诺,可每当夜深人静时,漫漫长夜中向三毛袭来的阵阵思念,就像千万只白蚁在一寸寸啃噬着她时而麻木时而苦痛的心脏。严重失眠的她常常精神恍惚,仿若失魂,每天都要服用足量的安眠药才能勉强

第十五章 三毛不要问她从哪里来

入睡。

曾经甜蜜的时刻里,荷西每次开门回来都会快乐地唤她。

而现在的三毛,却只能面朝着门口等待药物起效,睡意袭来:"荷西,你什么时候回来啊?"

叁

不是每一束光都会勇敢照在她的身上

三毛将荷西葬在了他们曾经常去散步的墓园，葬礼结束后，三毛写下了此生最悲痛的告白："埋下去的，是你，也是我。走了的，是我们。"

荷西逝世后，三毛仿佛丢了魂，虽然她向琼瑶承诺自己不会自杀，但失去了生命中最大的眷恋，三毛便如一副空壳恍然存活于这苍茫人世间，生生死死又有何区别？三毛在父母的陪同下回到了台湾。

身边人不断地劝她另觅良人，三毛却只觉心痛神伤，荷西于她而言是今生也是来世，是自己存于这世界的因果，又有谁能替代他的位置呢？三毛想都不敢想。

可有些事情，偏偏来得突然，有的人，总是猝不及防便闯入我们原本波澜不惊的生活。

记得有人曾说过，凡是有华人的地方，便一定传唱着王洛宾的《西部情歌》。

第十五章 三毛不要问她从哪里来

即便你不熟悉这个人名,你也一定听闻过《在那遥远的地方》这首脍炙人口的民歌。实际上,不止这首,你所耳熟能详的《达坂城的姑娘》《掀起你的盖头来》等经典民歌,皆是出自他手。

王洛宾,这位在业界最负盛名的音乐家,一生搜集、整理、创作歌曲多达1000多首,他不仅被大众誉为西部民歌之父,同时亦享有"情歌大王"的美名。但却没有多少人知道,这位情歌大王生前写下的最后一首情歌,却是为远在天国的流浪作家三毛而唱。

1989年时,作家夏婕在一次深度访谈后发表了三篇《王洛宾老人的故事》,正好看到这一系列报道的三毛喜出望外——要知道,三毛自小便爱唱王洛宾改编的民歌,尤以《在那遥远的地方》为最,初次听闻便引得热爱流浪、满心远方的三毛无限神往。

此番朋友夏婕的报道,让王洛宾在三毛的眼里忽然变得不再那么遥不可及,这让失魂落魄许久的三毛难得地又重新体会到了生活的美好与激情。不容耽搁,三毛立即向夏婕询问了王洛宾在新疆的联络方式,满心期待地试图寻得机会与心中的大神切磋、交流。

不知是否大家都有类似的感悟,一个人对于生的渴望,许多时候都取决于我们是否找到了那件足以令人心动的事情,或是爱情,或是梦想,或是与这世间某个事物、某个人的别样羁绊。如若我们在这世间找不到与他人他物的紧密联系,就好像自己已经被这世界所抛弃,是生是死,是哀是乐,似乎都没有任何价值与意义。

这种自我眼中如透明人般的存在,比浑浑噩噩地度日还让人难熬。荷西离世后的三毛,便是在父母与好友的强行拉扯中,勉强感知

着自己于这世界的意义,被动地承受着责任与情感的双向拉扯。

但此刻,三毛终于被唤醒,王洛宾对于此刻的她而言,就像一座漆黑海域上的灯塔,她在这片浓稠的夜色中飘荡了太久,久到几乎要失去知觉,才终于在此刻看到了新的希望。

从好友的讲述中,三毛了解到了王洛宾饱经磨难的坎坷一生,他因"莫须有"的罪名前后入狱两次,在囚牢中消磨了十八年的光阴,年近不惑时又偏遇妻子病逝,只能孤零零地独守新疆。

可即便如此命途多舛,他仍然没有放弃自己的信念,痴迷艺术的他将民间歌谣视作了自己的晚年老伴,步履不停地辗转各地采集各类新旧曲目。每当黄昏将近时,他都会抱着吉他静静凝望这远处慢慢沉坠的夕阳,待到夜幕低垂,他便会拨动怀中的琴弦,对着悬挂在残破壁墙上的夫人遗像轻弹一曲,将心中的万千思绪唱给亡人听……

三毛听着听着,不由得红眼垂泪,她似在脑海中看完了一场凄苦的电影,又像在眼前瞥见了过去这段时日以来的自己。这不就是世界上的另一个自己吗?这位老人又何尝不是以爱为信仰地生存于这世间呢?

她激动地捏着朋友的手,迫不及待地说:"这个老人太凄凉太可爱了!我要写信安慰他,我恨不得立刻飞到新疆去看望他!"

1990年4月16日的乌鲁木齐正值春寒料峭,从海峡彼岸飘摇而至的不仅有数日前的一封书信,还有一位病体初愈的女子——独居多年的王洛宾正将午睡时,身穿黑红格子毛呢外套的三毛便叩响了他的家门。

第十五章 三毛不要问她从哪里来

她当然不是一位唐突的女子，虽然三毛生来有一种流浪世间又无畏无惧的自然野性，可她断然做不出于人于己都尴尬难堪的事情。在来新疆之前，她联系上了《明道文艺》的主编，主编委托她为王洛宾代送稿酬，正好为三毛提供了一个拜访王洛宾的充分理由。

王洛宾望着面前这位浅笑盈盈的女子，一时有些失神。虽是初见，但或许这就是一份冥冥之中的默契，简单说明来意后，两人便如阔别许久的莫逆故友，畅谈万事。聊天将歇时，三毛的心情仍有些微微激动，情绪所致，她便为王洛宾吟唱了自己的代表作《橄榄树》：

不要问我从哪里来/我的故乡在远方/为什么流浪流浪远方/为了天空飞翔的小鸟/为了山间清流的小溪/为了宽阔的草原/流浪远方流浪……

三毛唱得凄婉真诚，她无法不想起那些前尘往事，一如此刻的王洛宾心中也盛满愁绪。他这一世，苦难常伴，见惯了那些虚伪狡诈的面目，却难得见到这般悲喜自娱，不做修饰的女子，她没有在这尘世间早已司空见惯的市侩腌臜，真诚清澈到让人很难不为之动容。

王洛宾不由得投桃报李，将自己曾经在狱中所作的《高高的白杨》介绍给了三毛：一位维吾尔族的小伙子在新婚前夜被冤入狱，娇美的未婚妻不久后便郁郁而终，待到小伙子出狱时，只剩下一座孤坟与枯萎的丁香，而他为了纪念逝去的爱人蓄起了胡须。

当王洛宾唱到"孤坟上铺满了丁香，我的胡须铺满了胸膛"一句时，三毛的眼泪再也难以抑制。

一曲终了，王洛宾道着谢告诉三毛，她晶莹的泪珠便是对他作品

最动情的赞许。

怎么能不动情,只有也经历过这般断肠情殇的人,才能深切感知到这一词一句中透骨的孤寒与寂寥。

许多故事、电影、唱词中的别样情愫,在我们也拥有相似经历之前,总是难以真正地感同身受。少女时期还不识愁滋味的我,也曾不理解过许多故事中男女主之间的情绪反应,总觉得有些选择,有些泪点,似乎设计得不算合理,抑或太过唐突,对那些眼眶中的热泪不以为然。

可当我也历尽千帆,感受过那些身不由己的踌躇与为难,许多彼时被我视作矫情的桥段,忽然就变成了潜伏在记忆深处的一根刺,总会在不经意的共情时刻忽然搅动我原本已深埋在心底的那份愁情。

张爱玲曾说,一个知己就像一面镜子,反映出我们天性中最优美的一部分。

三毛与王洛宾的相见相识,就像是照见了一面澄澈透亮的镜子,互相照出了对方天性中最迷人的地方。返回台北的三毛难以平复自己激动的心情,她将自己与王洛宾的采访对话整理成了《中国"西北民歌之父"王洛宾一鞭钟情》发表在台湾,又撰写了一篇《在那遥远的地方找到了原作者》发表在新加坡《联合早报》上。

一时间,王洛宾这三个字在海峡两岸激起千层浪,这两篇撰文所带来的效应连三毛自己都没有预想到。随后,王洛宾也应大陆媒体的邀约写了《海峡来客》与《回访》两篇短文隔空回应这场见面:

"是谁在敲门,声音那样轻,像是怕惊动主人。打开房门顿吃一

第十五章 三毛 不要问她从哪里来

惊,原来是一位女牛仔。模样真迷人——镶金边的腰带,大方格的长裙,头上裹着一块大花巾,只露着滴溜溜的一双大眼睛……"

许多评论家不禁对王洛宾的评价叹为观止:一位77岁的老人竟还能写出如此动情的文段。

思之如疾的三毛自此便开始了与王洛宾鸿雁传情的日子,关山迢遥仍抵不过信笺中深沉的爱意,在1990年4月27日的信中,三毛无不恳切地表达着自己如炽的情愫:

"我不要称呼你老师,我们是一种没有年龄的人,一般世俗的观念,拘束不了你,也拘束不了我。尊敬与爱,并不在一个称呼上,我也不认为你的心已经老了。回来早了三天,见过你,以后的路,在成都,走的相当无所谓,后来,不想再走下去,就回来。闭上眼睛,全是你的影子。没有办法。照片上,看我们的眼睛,看我们不约而同的帽子,看我们的手,还有现在,我家中蒙着纱巾的灯,跟你,都是一样的。你无法要求我不爱你,在这一点上,我是自由的。"

王洛宾作为情歌大师,自然不会是那不解风情的人,三毛无遮无掩的热情早已将他如镜的心湖激荡得涟漪四起,不过短短三个月的时间,王洛宾便收到了来自三毛的15封长信。可巨大的年龄差异却又令他惴惴难安,他再三踌躇后向三毛委婉地表达了自己的彷徨,将自己比作那萧伯纳手中的破旧雨伞——早已失去雨伞作用的破伞之于萧伯纳而言只是一根无足轻重的拐杖。

王洛宾主动减少了给三毛写信的次数,而三毛来信嗔怪道:"你好残忍,让我失去了生活的拐杖!"

8月23日，思心切切的三毛再也抵不过异地的煎熬，一封让王洛宾接机的加急电报之后，她便提着一大箱日常衣物与用品住进了王洛宾的家。

一生不曾为自己争取什么特殊待遇的王洛宾，特意请好友派来一辆军车接机，又请人陪着从未置办过家具的自己去选购了一堆时下最流行的家居物件，这一腔诚意让三毛心中暖意融融：她知道王洛宾的顾虑，也体谅他的不安，让她下定决心先踏出这一步的最大力量，还是源自她明白王洛宾不再平静的心。

看来，她没有看错王洛宾对自己的感情。

三毛一身具有浓郁藏族风情的裙装，俨然打扮成了王洛宾成名作《在那遥远的地方》中那个美丽的卓玛姑娘，她想唤醒这位老人尘封已久的记忆，想让他重新焕发出艺术家的灵感与创作的激情，也想让他蓄起与自己共度余生的勇气。

三毛在出发之前寄出的信中对王洛宾说："**不住宾馆，住在家里是为走近你。**"

当她再次为爱奔波时，她仿佛又回到了当初四处流浪的时候，又找回了那个为了爱之信仰活得自在又洒脱的自己——不用问她从何处来，也不用知晓下一刻将要到何处去，甚至不用问她的姓名与年龄，那些繁杂的俗世桎梏都该随风而去，你只需要知道在你面前的是这样一个迷人又合拍的她，而带着爱去流浪便是你们此生唯一的目的。

三毛住进王洛宾寓所的日子里，两个人都找到了各自最想要的幸福感，有外出计划的时候便一起骑自行车出街，没有外出安排的时候便窝在家中聊天、弹唱、创作音乐，到了饭点三毛便会亲自下厨，烹饪可口的饭菜……

计划久留的三毛原本以为自己终于找到了二人间最合拍的节奏，却不料这种惬意没过几天便被打破。

当地媒体得知三毛在乌鲁木齐后，便迅速派了大批人马前来采访，王洛宾碍于情面与身份，只能配合媒体记者积极动员三毛配合各种采访。可三毛只想与王洛宾单独分享自己的时光与思想，她始终是一位自由自在的姑娘，会为了爱情愿意将自己广阔的世界全部收束在爱人的眼底心间，也会为了不受外人的叨扰关闭任何一条透光的缝隙。

耄耋之年的王洛宾囿于年龄与社会舆论的限制，始终无法说服自己全心全意地向佳人彻底投诚，无法像热恋中的情人一样毫无顾忌地选择爱情必有的小自私与独占心。这让满腔热情的三毛仿佛被浇了一盆冷水，心灰意冷的三毛二话不说，提着那只盛满衣物的手提箱便头也不回地离开了。

真正分别时王洛宾才意识到自己失去了一份多么珍贵的感情，才如此真切地感受到自己内心的不舍与在意，但一切都是离弦的箭，再无可回头时。

或许，相爱的最大难题唯有勇气，那些年龄的鸿沟，身份地位的差距，容貌的悬殊……所有的这一切，似乎都难不过拥有一份坚定的勇气。当年我与初恋一转身便是一辈子的错过，似乎也是败在勇气上，我们各自握牢了手中的小傲慢，明明擦肩时就已经后悔，却谁也

没有勇气放下那微不足道的片刻执拗,仿佛先低头就是输——我们究竟是有多害怕在对方面前输这么一次呢?

1991年的1月4日,在毅然离开王洛宾的第121天后,饱受爱情、事业与疾病三重痛苦纠缠的三毛在台北荣民总医院自缢身亡,她不过才46岁,正该是一位女子风情正盛、享受年华的时刻。

噩耗传来时王洛宾悲痛不已,他原本以为相比给予,对一位红粉佳人不冒犯才是自己能予她的最好的爱;他原本以为相比接受,拒绝才是自己该给出的善待,却不承想到,那一次心口不一的推诿,竟将知己推到了天人永隔的彼端。

心痛失神时,他颤抖着右手,在纸笺上写下了此生最后一首情歌:

你曾在橄榄树下等待再等待/我却在遥远的地方徘徊再徘徊/人生本是一场迷藏的梦/且莫对我责怪/为把遗憾赎回来/我也去等待/每当月圆时对着那橄榄树独自膜拜/你永远不再来/我永远在等待等待等待等待等待/越等待,我心中越爱!

遗憾的是,这首《等待——寄给死者的恋歌》,再也没有人会对着王洛宾噙着那如钻般晶莹的泪花,微笑着听,却泣不成声。

不是每一束光都有勇气照在三毛的身上,陪伴她走过流浪的时光,但她来过她所爱之人的世界,她就一定会做初春那片破云的暖阳。

我达达的马蹄是美丽的错误

我不是归人,是个过客……